Bernd Knopp
Knopps Doktorspiele

Bernd Knopp

Knopps Doktorspiele

Ein Hypochonder packt aus

barton

Hat Ihnen dieses Buch gefallen?

Dann besuchen Sie uns im Internet
unter www.nicolai-verlag.de

Bewerten Sie unsere Publikationen
und abonnieren Sie unseren Newsletter.

Lektorat: Vanessa Gashi, Köln
Gestaltung und Satz: paquémedia, Ebergötzen
Druck und Bindung: GGP media on demand, Pößneck

ISBN 978-3-89479-622-8

Ich möchte allen danken, die mich während des Verfassens des Buches und vor dessen Veröffentlichung tatkräftig unterstützt haben:

meiner Lebensgefährtin Susanne, die mich mit meinen Krankheiten erträgt,

meiner Familie, meiner Lektorin Vanessa Gashi, dem Verlagsteam und Max Krieger.

Besonderer Dank gilt meinem Freund Normann Schneider, der mich auf die Idee brachte, dieses Buch zu schreiben und ohne den die folgenden Seiten niemals entstanden wären!

Ihnen und Euch allen: Vielen lieben Dank!

Bernd Knopp

Ähnlichkeiten mit lebenden Personen sind rein zufällig.

Inhalt

Kummer mit dem Wurmfortsatz in Meran

Meine Eltern waren in den Siebzigerjahren zwar keineswegs alt und gebrechlich, sie liebten trotzdem die Kuratmosphäre der Städte, in denen sich arthrosegeplagte Heilwasserverehrer gern aufhalten. Kein Wunder, dass sie eines Tages auf die grandiose Idee kamen, die Südtiroler Kurstadt Meran aufzusuchen. Ich war damals elf Jahre alt, schlecht in der Schule und blass wie eine Nebelwand. Während andere Kinder bereits ohne Eltern in Jugendgruppen verreisten, um den Hauch von Freiheit und nahendem Erwachsensein zu spüren, fühlte ich mich wohl, wenn die Koffer gepackt wurden und wir mit dem Prototyp des beigegelben VW Passat Richtung Alpen fuhren. Es war Ostern 1977, Deutschland wurde von heftigen Terroranschlägen der RAF heimgesucht, und ich freute mich auf einen zweiwöchigen Kitschurlaub im veralteten Meran. Wie schon in den Urlaubszeiten der zurückliegenden Jahre, so entwickelte ich auch anno 1977 ein ernsthaftes Problem mit meinem empfindlichen Magen, nachdem mein Vater kettenrauchend auf die A3 gefahren war, um Richtung Brenner aufzubrechen. Spätestens wenn die Welt um mich herum hügelig wurde und die Menschen sich anstatt mit »Hallo« und »Guten Tag« mit »Grüß Gott« und »Servus« begrüßten, musste ich kotzen, unabhängig von der Begrüßungsfloskel. Es hatte einzig und allein etwas mit den kurvigen, alpinen Passstraßen zu tun, die mir wie ein Stein in der Magengrube lagen, wenn die Autobahn nahe der bayerischen Stadt Murnau endete. Ab da ging es nämlich bis Innsbruck nur via Landstraße weiter – eine verkehrstechnische Besonderheit, die von meinem Vater anstelle der längeren Strecke über die durchgehende Autobahn von München nach Innsbruck via Kufstein favorisiert wurde. Mein Verdauungstrakt honorierte den kürzeren Fahrweg jedoch mit heftigem Unwohlsein und erstem Erbrechen in Höhe der Tiroler Ortschaft Seefeld. Es war dann immer dasselbe: Hinten sitzend, schrie ich meine Mama, die eine mit heimischen Mettwürstchen gefüllte orangefarbene Kühltasche zwischen den Beinen kniegesichert festhielt, mit den Worten »Mir ist schlecht, ich muss kotzen« an. Meistens erwiderte sie den dringenden Hilferuf mit »Warte noch ein paar Kurven, wir steuern den nächsten Parkplatz an«, musste aber nach wiederholten Leidensschreien meinerseits nachgeben, sodass mein Vater am Rand anhielt und ich die Kotze perfekt abgestimmt kurz nach Verlassen des Autos ins Gebüsch schleudern konnte. Erfahrungsgemäß hatte ich zuvor die Brechklümpchen schon kauend im Mund hin- und hergeschoben, um nicht, wie in zurückliegenden Jahren, meinem Vater in den Nacken zu reiern. Ich muss hierbei gestehen, dass die autofahrtbedingte Übelkeit mich zwar belastete, andererseits nicht in Panik versetzte, weil ich dahinter keine ernsthafte Krankheit vermutete – man könnte das als beispiellose Ausnahme interpretieren, mit der ich mich im Laufe der Zeit angefreundet hatte. Erst heute wird mir das so richtig bewusst; es hätte sich dahinter ja schließlich ein entarteter Magentumor oder ein Magendurchbruch verbergen können. Umso schöner empfand ich im Falle des Südtiroler Urlaubs die Ankunft im sonnigen Etschtal. Mein Vater hatte bereits in Deutschland ein Dreibettzimmer im Hotel Nürnberger reserviert. Das Hotel war stinklangweilig; während mein Vater auf der Toilette furzend die Bild-Zeitung las und meine Mutter sich auf dem Balkon sonnte, fuhr ich im Hotel wie ein Zwangsneurotiker mit dem Aufzug rauf und runter, eine Leidenschaft, die ich bei Urlauben an der italienischen Adria entwickelt hatte. Dort hatte ich die Aufzüge sämtlicher Hotels und Appartementhäuser kennen- und schätzen gelernt. Die Hauptsache war, ich hatte mich in ein preiswertes Beförderungsvergnügen gestürzt, es sei denn, ich wurde aus den Hotels vom Rezeptionspersonal vor die Tür gesetzt. Das kam im Hotel Nürnberger nicht vor, schließlich waren wir ja zahlende Gäste, die morgens um acht Uhr im kargen Frühstücksraum brav Platz nahmen und den Kaffee bestellten – Frühstücksbüfett und anderer Schnickschnack waren Fremdwörter für die Leitung des Hotels mit dem wenig italienisch anmutenden Namen. Nach dem Essen erfolgte dann die Lagebesprechung auf dem Schlafzimmer, will heißen: morgendlicher Stuhlgang, Studium der Wanderkarte und mit Schwung und Wanderschuhen raus aus Meran Downtown in die heiße, pulsierende Szene Dorf Tirols, ein Touristenmekka oberhalb der Etschtalmetropole. Dort angekommen, schlürften meine Eltern in einem örtlichen Café erst mal das gleichlautende Getränk. Was dann geschah, bevor sich meine ersten Krankheitssymptome zeigten, möchte ich der Einfachheit halber schnell zusammenfassen: eine ausgiebige Wanderung in massiven, luftundurchlässigen Wanderschuhen mit anschließenden Schweißfüßen, die mittägliche Einkehr in einem Südtiroler Gasthof, in dem meine Eltern als kulinarischen Gipfel der hölzernen Tiroler Trostlosigkeit je eine klassische Backerbsensuppe schlabberten, nachmittags nach der Wiederkehr in Meran der Verzehr der klassischen Schwarzwälder Kirschtorte mit dem Silberkännchen Kaffee in einem der zahlreichen Cafés an der Passer. Da kam man sich im Nachhinein schon ein wenig wie ein Kuropa ohne Schatten vor, auch wenn ich so weit damals niemals gedacht hatte, denn bis zum anbrechenden Abend ging es mir relativ gut, alsdann das Abendessen die entscheidende Zäsur im Osterurlaub bescherte: Ich weiß noch genau, dass sich meine Eltern für ein Restaurant in der Meraner Innenstadt entschieden hatten. Es machte einen urgemütlichen Eindruck, der durch das Magengeräusch verursachende Hungergefühl nach der langen Wanderung verstärkt worden war. Was meine Eltern zu essen bestellt hatten, müssen heutzutage Südtiroler Dorfhistoriker erforschen. Was ich dann aß, werde ich vermutlich ein Leben lang nicht mehr vergessen: Truthahn – genauer gesagt ein fettiges, schwer verdauliches Truthahnfilet mit einer regionalen Küchenbeilage. Dieses Abendmahl hatte mir zumindest während der Esseneinnahme keine Beschwerden bereitet; nachdem allerdings der letzte Truthahnbissen in der Speiseröhre verschwunden war, klagte ich plötzlich über heftige Bauchschmerzen. Ich erlitt eine unvorstellbare Höllenpein und betrachtete mich aus einer anderen Perspektive bereits von oben: Ich sah meine Seele den geschundenen Körper verlassen, weil ich die Diagnose ahnte. Es konnte sich, und das wurde mir bereits im Restaurant bewusst, nur um eine wenn nicht lebensbedrohliche, dann aber tödliche Entzündung des Appendix handeln, eine Blinddarminfektion mit bereits sich in die Bauchhöhle ergießendem, gelbem Eiter. Demgemäß verhielt ich mich bereits im Gasthof wie ein Sterbender auf der Intensivstation bei

Dr. House: Ich schrie und weinte, bat meine Eltern, sofort das Etablissement zu verlassen, ich weigerte mich zu gehen. Kurzum: Meine Eltern mussten mich ins Hotel Nürnberger zurücktragen. Was folgte, war für alle Protagonisten ein unschöner Spaziergang, bei dem ich die beiden mit der tödlichen Diagnose vertraut machte. »Blinddarm? Du bist doch verrückt!«, erwiderte meine Mutter. »Das sind stinkende und gleichzeitig quer liegende Fürze. Du weißt doch, dass du den permanenten Pupdrang von Papa geerbt hast. Du bekommst nachher eine Wärmflasche auf den Bauch gelegt, und dann ist alles wieder gut.« Gut gemeint, dennoch untermauerte ich meine unantastbare Diagnose mit dem stechenden Schmerz besonders auf der rechten Seite des Bauches, ein untrügliches Zeichen für den entzündeten Blinddarm eines jungen Menschen, der vermutlich die Nacht nicht überleben konnte – jedenfalls standen die Chancen für mich sehr schlecht. Das hielt meine Mutter allerdings nicht davon ab, mir an der Rezeption des Hauses anstelle eines blaulichtleuchtenden Rettungswagens eine stinknormale Wärmflasche zu bestellen, die ich mir auch brav auf die wehtuende Seite legte, obschon ich Mamas Verhalten in diesem für mich grausamen Moment als recht leichtsinnig einstufte. Ungeachtet dessen hatte ich damals auch nur am Rande über die Vita der Hotelwärmflasche nachgedacht; der Verdacht, andere, auch ekelige Gäste könnten von dem hässlichen Utensil bereits in der Vergangenheit bei ähnlichen oder übleren Bauchqualen Gebrauch gemacht haben, lag gleichwohl nahe. Dennoch hoffte ich auf Linderung, aber es blieb bei einer Illusion.

Am nächsten Tag ging es mir keinesfalls besser: Die Bauchschmerzen waren immer noch dieselben, bereits vor dem Frühstück tastete ich wie ein Facharzt für Innere Medizin meinen Bauch ab. Insbesondere die rechte Seite tat weh – das Symptom war eindeutiger denn je. »Schau mal, Mama – auch wenn ich rechts in den Bauch drücke und plötzlich loslasse, schmerzt es. Das Gleiche gilt für die linke Seite: Drücke ich in diese rein, schmerzt es auch rechts. Merkt ihr nicht, dass es bald zu spät sein kann?«, sagte ich, um, auch wenn ich fürchterliche Angst vor der Diagnosebestätigung hatte, sie zum Arztbesuch in Meran zu bewegen. Doch sie warteten weiter ab, mit fatalen Folgen für die mit dem Urlaub erwartete Regenerationsphase – meine Bauchpein wuchs vehement an, auf der Schmerzskala erreichte ich die Top Ten. Im Abstand von je zwei Minuten betastete ich regelmäßig Ober- und Unterbauch; unterhalb der rechten Rippe tat es höllisch weh.

Ich bummelte als klägliches Häufchen Elend mit meinen Eltern durch die Meraner Laubengasse. Schmerzerfüllt musste ich mit ansehen, wie meine Mutter für mich und meinen Vater in einem Provinzkaufhaus der Stadt hässliche lange Unterhosen mit Schlitz kaufte, so als ob diese Mode nur im Norden Italiens erhältlich gewesen wäre. Unangemessen fand ich während meines Todeskampfes auch den Erwerb von farbintensiven Postkarten mit der abgelichteten Kurpromenade; mein Vater kritzelte mit seiner sorgfältigen Bankdirektorenschrift auf die Rückseite inhaltlich betrachtet gelogene Stimmungsbilder wie »Es geht uns prima. Morgen wandern wir nach Hafling und besuchen dort die Pferde. Es ist herrlich und es könnte nicht besser sein«. – Angesichts meiner erduldeten Marter, milde ausgedrückt, eine Unverschämtheit gegenüber den Empfängern, die gar nichts von der grausamen Tortur, die ich durchlitt, ahnten. Die Krämpfe wurden stärker, ich bat um sofortigen medizinischen Beistand, das Rezeptionspersonal des Hotels vermittelte einen Arzt in der Nähe. Die Folge: Am zweiten Tag saß ich mit meinen Eltern nachmittags im grauen und dunklen Wartezimmer eines Südtiroler Mediziners. Die ungemütliche Wartestube war brechend voll, als wir sie betraten. Auf jedem Stuhl saßen hustende, gleichzeitig nach kaltem Schweiß und billigen, Eau de Cologne ähnelnden Heimatduftimporten stinkende Kranke aus dem Urlaubsort, und nur weil ich schrecklich weinte und »Aua, aua, ich halte es nicht mehr aus!« in die trübe Menge plärrte, durfte ich mich setzen. Eine, ich glaube, ältere Dame hatte mir, dem sterbenden Jungen mit der unheilbaren Darmkrankheit,

Platz gemacht. Meine Mutter blätterte unterdessen in abgegriffenen Lesezirkelmagazinen mit grauem Deckblatt; wenn sie dabei, was in den Siebzigerjahren durchaus vorkommen konnte, zufällig nach dem ersten Aufschlagen auf die »Praline« oder das »Schlüsselloch« traf, war sie peinlich berührt und tauschte das verdorbene Heft rasch gegen die unverkommene »Frau im Spiegel« oder »Das goldene Blatt« aus – wir waren ja schließlich eine anständige Familie. Nach mehrmaligem Heftwechsel war es endlich so weit: Die Arzthelferin rief unsere Nummer auf. Auch das war üblich, wir hatten vorher ein Stückchen Papier mit einer darauf abgedruckten Zahl gezogen.

Als wir das Arztzimmer betreten hatten, spürte ich: Es wurde ernst. Der Mann mit dem weißen Kittel flößte mir überhaupt kein Vertrauen ein. Er griff mit seinen gierigen Kitzelhändchen in meinen Bauch, nachdem ich mich für ihn weniger aus erotischen Gründen frei gemacht hatte; er drückte tief, tiefer, am tiefsten, nachdem er mich gefragt hatte, wo es weh tue, und ließ dann unverhofft los – das hätte er besser nicht gemacht, denn ich schrie aus Rache die gesamte Praxis zusammen. Wer jetzt noch im stinkenden Wartezimmer saß, muss entweder lebensmüde oder Stammpatient gewesen sein – ich jedenfalls hätte bei solch einem erbärmlichen Kindergekreische die Flucht ergriffen und die Polizei gerufen. Nicht so die Meraner. Sie schienen diesen verlorenen Metzgermeistersohn abgöttisch zu lieben, das Wartezimmer war auch nach meinem Besuch noch gut mit schnäuzenden, übel riechenden, rotköpfigen, tränensackreichen, achselnassen, fiebrigen, ächzenden und wehleidig schauenden Menschen gefüllt – da ich viel zu stark mit mir selbst beschäftigt war, taten mir diese sitzenden Ungeheuer auf den knarrenden Holzstühlen kaum leid. Sie sahen allerdings so aus, als ob sie mit mir starkes Mitleid hatten, schließlich waren sie vorher Zeugen meines Aufschreis geworden. Der Mann, den ich, milde ausgedrückt, während seiner Bauchfummeleien am liebsten ordentlich verprügelt hätte, teilte uns mit, was er in meinem speziellen Fall für richtig hielt: »Ab ins Meraner Krankenhaus!«, lautete das Resultat seines gründlichen Darmchecks. Der Scharlatan war sich vermutlich nicht ganz sicher; immer wieder betonte er gegenüber meinen Eltern, die ihm vorschlugen, sofort nach Hause zu reisen, er wisse nicht, ob ich die Rückreise überstehe – vorsichtshalber sollte ich in der Klinik weiter untersucht werden. Immerhin stimmte er zumindest im Ansatz mit meiner bereits getroffenen Diagnose überein: Während ich den tödlichen Blinddarmdurchbruch diagnostiziert hatte, äußerte er den »Verdacht auf eine Entzündung des Wurmfortsatzes«. Ein gut gemeintes Ergebnis, das mein Urteil über ihn nur bestärkte: Wir hatten es mit einem hochgradigen Kurpfuscher zu tun, passend zur Kurstadt Meran.

Ich war erschüttert, und noch heute frage ich mich, ob ein Psychiater an mir typische Wesenszüge gespaltener Persönlichkeiten entdecken könnte: Einerseits hatte ich seit dem Praxisbesuch panische Prä-OP-Ängste inklusive heftiger Angstschweißproduktion zu durchstehen. Andererseits forderte ich eine rasche Beseitigung des Übels, auch wenn ich mir, was mein weiteres Leben betraf, keine große Hoffnung mehr machte. Auf der einen Seite wünschte ich mir vom Arzt den Ausschluss meiner vorab getroffenen Vermutung, auf der anderen Seite erwartete ich von den Göttern in Weiß eine klare Diagnosebestätigung mit kreativen Therapievorschlägen, die eine hundertprozentige Heilung herbeiführten.

Meine Eltern stopften mich in den durch Kunststoffbezug verräucherten Passat, und da ich mal wieder hinter meiner Mutter Platz nehmen musste, weil sie auf den hinteren Sitzen genauso wie ich gekotzt hätte, kamen wir im Meraner Hospital ein paar Minuten später ziemlich mitgenommen an. Als leichenblasser Patient, gezeichnet von Todesangst und vor allen Dingen von fahrtbedingter Übelkeit, marschierten wir mit den dicken, hässlichen Wanderschuhen in die Notaufnahme. Dort angekommen, ging alles ziemlich schnell. Ich wurde in einen hässlichen Untersuchungsraum mit großen OP-Lampen, die an der Decke strahlten, geführt. Ohnehin war das Klinikgebäude weder das schönste noch das neueste. Es erstrahlte mit der unheimlichen Aura vergangener Folter: In diesen Gemäuern konnte man sich das gellende Geschrei gequälter Patienten vorstellen, denkbar waren erbarmungslose Ärzte, die den kreischenden Leidenden auf die Liege pressten, um ihn selbstverständlich ohne lokale Anästhesie mit grausamen Skalpellen zu malträtieren. Ich konnte das Gebrüll der ungehobelten, raubeinigen Medizinmänner buchstäblich hören: »Halten Sie endlich still!« oder »Stellen Sie sich nicht so an!«, Redewendungen, die in der Heilkunst der Vor-, Kriegs- und Nachkriegszeit in Krankenhäusern auf der Tagesordnung standen, mussten in den qualgefüllten Steinblöcken zum Besten gegeben worden sein. Und was damals zu den Klassikern des klinischen Horroralltags gehörte, würde sich, ich ahnte es, am Tage meiner Einlieferung wiederholen.

Während meine Eltern vor dem Züchtigungszimmer auf mich warteten, wiederholte ein Krankenhausarzt die Abtastorgie des vorher besuchten Südtiroler Heilkünstlers. Ich wehklagte und jammerte, ich krakeelte und tobte, ich stöhnte und brüllte, ich weinte und pfiff aus dem letzten Loch, doch genau dieser am Hintern positionierte Durchbruch in das Reich der Därme wurde alsbald vom Fieberthermometer einer Krankenschwester luftdicht verschlossen. Es mag komisch klingen, aber mit dem Messgerät im Arsch beruhigte ich mich rapide. Der Arzt verließ unterdessen den Raum, die Krankenschwester betreute andere in der Notaufnahme sitzende Patienten, und ich ließ mein kurzes Leben für eine Weile Revue passieren. Es gab keinen Zweifel: Es war aus! Gleich würde man mich durch eine Not-OP versorgen, ich würde dann entweder als Kunstfehleropfer oder nie mehr aufwachen. Im Falle des zweiten Szenarios erwog ich augenblicklich mein Testament zu schreiben, jedoch war ich im Verfassen eines solchen Schriftstückes als Heranwachsender ungeübt, ich wusste zudem nicht, was ich außer der üppigen Urlaubsfahrtenkotze in Papas Nacken hätte vererben können, und das Wichtigste war: Mit Fiebermesser im Anus auf einer Liege nach links gedreht liegend, wurde mir kein Papier gereicht. Demzufolge musste ich die letzten Minuten meines Lebens in dem erbärmlichen Anamneseraum einer veralteten Patientenabsteige ausharren. Wenn ich das in diesem Moment meinen Mitschülern hätte erzählen können, wären sie fassungslos gewesen, aber dazu war es ohnehin zu spät; die Skalpelle wurden, da war ich mir sicher, bereits von den lüsternen Henkern für die Körperschnitte und von den Pathologen für die anschließende Körperspende geschärft! Mit dieser fehlenden Zukunftsaussicht im persönlichen Gepäck verlor ich jegliches Zeitgefühl, und so wusste ich nicht, ob es einige Minuten oder gar Stunden gedauert hatte, bis der behandelnde Arzt mit der Krankenschwester in den ungemütlichen Raum, der ein wenig nach Desinfektionsspray roch, zurückkehrte. Der eher wortkarge Mann setzte sich neben mich auf einen Stuhl, und die einzigen Worte, an die ich mich erinnern kann, war seine diagnostisch relevante Frage an das anwesende weibliche Helferlein: »Hat er Temperatur?« Die Dame daraufhin: »Ich schaue nach!« Es waren ihre letzten Worte, denn mit der sanften Entfernung des Fiebermessers, der langsam, aber gut geölt aus meinem Po zu gleiten schien, löste sie ein unerwartetes Inferno aus. Kaum war die Spitze des Gerätes entfernt, folgte der saftige Nachtisch: Ich furzte lautstark und luftvoluminös in der Anwesenheit der Krankenschwester und des Arztes in das hallige, große und vor allen Dingen hohe Behandlungszimmer hinein. Diesen göttlichen, namenlosen Riesenpup hatte ich nicht verhindern können: Wie vom Messgerät zur Höchstform in den Mastdarmhöhlen massiert und angezogen, flutschte der an abgrundtiefe Tubaklänge erinnernde Gassturm vibrierend aus der Hinternpforte in die große, weite Welt hinaus – die an orkanartige Explosionen erinnernde Erschütterung war so massiv, dass selbst meine Eltern die lärmbelästigenden Stinkschwaden im Klinikflur hören konnten. Der Arzt schien fassungslos zu sein; er rannte zur Tür, riss sie hektisch auf, um angeblich meinen Eltern von der lokalisierten Ursache meiner Beschwerden zu berichten. Ich vermutete dagegen ein weiteres Motiv für seine rasche Flucht – die rauchige Arschluft taten ihm und auch der naserümpfenden Krankenschwester nicht gut; auch sie zog sich schließlich in den Saal, in dem meine Eltern tapfer warteten, zurück. Ich gehe heute davon aus, dass diese schicksalhafte Begegnung zwischen der üblichen, genauen Anusfieberkontrolle und heftigen Blähungen den weltweiten Wechsel zur Mund- oder Ohrmessung herbeigeführt und beschleunigt hat – schon alleine um die Ärzteschaft vor solchen für sie katastrophalen Folgen, die nur mit einem unverhofften Ausbruch des Vesuvs über Pompeji verglichen werden können, nachhaltig zu schützen. Der Arzt schloss, tief die frische Flurluft inhalierend, seinen Krankenbericht mündlich ab: »Ihr Sohn ist luftgefüllt. Wir müssen ihn nicht operieren. Sie können ja vorsichtshalber mit ihm nach Hause fahren, dort kann er sich von seinem Hausarzt noch einmal untersuchen lassen«, so seine Empfehlung. Gesagt, getan: Am kommenden Tag packten wir unsere Koffer mit Schmutzwäsche, der herrliche Osterurlaub im sonnigen Etschtal war zu Ende. Unerholt und mit sichtbaren Augenringen auf der Heimreise, ging es mir bereits vor der Abfahrt ins heimatliche Rheintal deutlich besser. Zu Hause angekommen, bestätigte schließlich unser Familiendoktor Grundmann, was der Meraner Klinikarzt schon wusste: Ich war ein Gasmann, einer, der die Unabhängigkeit europäischer Länder vom Import russischen Erdgases aus dem fernen Sibirien eingeleitet hätte, wenn die Regierungen sich auf eine Lieferung aus Russland und den Bau einer Pipeline zu meinem After hätten verständigen können. Der Hausarzt brachte die hinter mir liegende Tortur, den Leidensweg vom Gasthof bis in die Klinik und das verfrühte Lebensfazit mit zwei Worten auf den Punkt: »Voller Furz!«, so die knappe Widerlegung meiner Blinddarmtheorien, die mit kühlen und ekelig schmeckenden, oral verabreichten Darmflorabakterien, die wir im Kühlschrank lagern mussten, behandelt wurde. Das Ende vom Lied: Ich schrieb ein kurzes Gedicht mit dem hintergründigen Titel »Furz im Wald«:

»Furz im Wald
riecht jeder bald.
Sonst frisch' Luft,
nun der Duft.
Brumm brumm brumm,
der Furz geht um.

Furz im Wald,
halb so schlimm,
haut Jung und Alt
trotz allem hin.«

Wenn ich heute diese Zeilen lese, fällt es mir nicht schwer, sie zu interpretieren: Viel Luft und nichts dahinter!

Tödliche Bluterkrankungen und geschwollene Schleimhäute

Das Jahr 1977 neigte sich dem Ende zu, im Radio wurden Gassenhauer von Boney M. und Baccara gespielt, und ich stand oft mit dem grünen Kehrbesen meiner Mutter im Wohnzimmer und missbrauchte das staubige Haushaltsgerät als Elektrogitarrenersatz, wenn ich mich mal wieder wie ein ZDF-Disco-Popstar fühlte und zu kratzenden Schallplatten auf dem veralteten Plattenspieler meiner Eltern das Schrubbeln der Akkorde vortäuschte. Dieses Ritual war nur an Werktagen möglich, weil mein Vater samstags und sonntags schnarchend auf der Wohnzimmercouch liegen musste. Bevor er einschlief, hatte er regulär vor dem Radiogerät dem großen Platzkonzert mit zackigen Militärmärschen gelauscht. Immerhin konnte er sich bei dem Geplärre aus Schellenbaum und Pikkoloflöte, bei Tuba-, Fanfaren- und Klarinettengetöse prächtig entspannen. »Wenigstens einer, dem es gut geht«, dachte ich mir, denn mit dem Jahreswechsel veränderte sich auch mein Gesundheitszustand erheblich: Zugegebenermaßen hatte ich nach der Rückkehr aus Meran zuerst keine Beschwerden gehabt. Die Einzigen, die Grund zur Sorge gehabt hatten, waren offensichtlich meine veralteten Erzieher auf dem Gymnasium Linz am Rhein. Ich hatte mich in den Fünfer- und Sechsernotenbereich hineinkatapultiert, weil mich die Aneignung von Wissen, mal unabhängig von Medizin, überhaupt nicht interessiert hatte. Folglich wurde ich im Jahrgang 1977/78 der schlechteste Schüler der Klasse. Die mangelnde Qualität meiner Leistungen zog erhebliche physische Irritationen nach sich. Kaum war das neue Jahr angebrochen, kontrollierte ich regelmäßig meine geschwollenen, roten Mandeln, die, das war mein Eindruck, dicker geworden waren. Sichtlich beunruhigt, informierte ich mich daraufhin mal wieder in Mutters altem Krankheitsbuch und fand schnell eine Fülle an möglichen Ursachen. Zwar konnte es sich um eine harmlose, akute Tonsillitis handeln, die unbehandelt chronisch werden konnte, andererseits hatte ich keine gelben Eiterstippchen auf den runden Mandelklößen erkennen können. Somit erhärtete sich mein Verdacht nach dem systematischen Ausschluss aller harmlosen Varianten auf die bösartigen Krankheiten. War es etwa ein grausamer Rachenkrebs, ein knuspriges Mandelkarzinom oder gar eine seltene, tödliche Blutkrankheit? Diese Fragen galt es zu beantworten. An die ständig geschwollenen Mandeln eines verstorbenen Verwandten denkend, konzentrierte ich mich bei der Diagnosesuche diesmal auf Tumore im Blut. Meiner Mutter las ich konsequenterweise beim Kochen die für Leukämie typischen Symptome vor; es konnte auch vorkommen, dass ich die Mandeln meinem Vater zeigte, wenn ich ihn beim Pinkeln im Stehen hinter der unverschlossenen Toilettentür erwischte. Dann erschrak er, und ich konnte sehen, dass er sich konzentrieren musste, um nicht die Toilettenbrille mit eigelbem Vaterharn zu bespritzen. Oft kam es auch vor, dass ich die beiden gleichzeitig bat, meine Halslymphknoten abzutasten. Ich verband die dann ihrerseits laienhaft erfolgten Untersuchungen mit der Frage »Ist das normal?«, die meine Eltern seltsamerweise nicht beantworteten. Dem Anschein nach hatten sie sich im Verborgenen die Gegenfrage »Ist er normal?« bereits gestellt. Jedenfalls überraschte ich meine Eltern täglich mit beliebig entblößten Körperteilen, die sofort und gründlich überprüft werden mussten. Mal waren es rasch abzutastende Halsdrüsen, dann am morgendlichen Frühstückstisch zu untersuchende Leistenlymphknoten, nachdem ich flott die Hose runtergezogen hatte, oder es war die schlichte Kontrolle des Zungenbelages, die mir später im Rahmen meiner zukünftigen Studien ans Herz wuchs. Nichts blieb unverborgen, jedes Symptom kam, ähnlich wie die gute Butter für Papa, auf den Tisch, mit dem für mich riesigen Vorteil, kein Wehwehchen unter den Teppich gekehrt zu haben. Im Falle einer ärztlichen Fehldiagnose mit anschließender falscher Therapie hätte ich dann immerhin vor jedem ordentlichen Gericht meine Hände in Unschuld waschen können.

Lange Rede, kurzer Sinn: Mit meiner gnadenlosen Offenlegung der kritischen Krankheitszeichen verlangte ich nach dem billigen Südtiroler Medizinmanngestotter ab nun handfeste Behandlungen. Infolgedessen wandte ich mich mit meinen frischen Gebrechen abermals an meinen Hausarzt, den ich trotz seines fortgeschrittenen Alters zur europäischen Ärzteelite zählte. »Dr. Grundmann irrt sich nie«, hatte schon meine Mama, die an fortgeschrittener Krankheitslektürensucht litt, gesagt. Insofern musste es stimmen. Ich ging folglich zu ihm hin und hatte mir vorab einen prima Vorwand für meinen Sprechstundenbesuch ausgedacht: Da ich seit Jahren, man mag es kaum für möglich halten, tatsächlich und erwiesen an einer chronischen Rhinitis mit geschwollenen Nasenschleimhäuten verzweifelte, wählte ich die in seiner Patientenakte bereits erfasste Diagnose, um mich über den neuesten Stand der Nasensprays sowie die Trends des Schleimhautabschwellens zu informieren – in Wahrheit wollte ich das Schlimmste, bestialische Lymph- und Blutleiden, von ihm entweder frühzeitig erkannt und gebannt oder zumindest ausgeschlossen wissen. Ich wagte mich an einem kalten Wochentag nach der Schule, die ich mir aufgrund meines entsetzlichen Notendurchschnitts hätte sparen können, in die Höhle des weiß gekleideten Medizingottes. Die knarrende Eingangstür hinter mir geschlossen, wartete ich mal wieder in einem der kahlen Räume, in dem sich auch hässliche Nachbarinnen mit barbarischen Venenleiden aufhielten. Es kam mir fast wie eine Erlösung vor, wenn ich ins Zimmer des nach Rumtabak riechenden Arztes, der einen stark gekrümmten Rücken hinter sich herzog, ging. Dann setzte ich mich auf einen der beiden grünen Stühle vor Grundmanns riesigem Ärzteschreibtisch, er fragte desinteressiert: »Was hast du mitgebracht?« Ich bat, so als sei es mein eigentliches Anliegen, nach einem neuen, schneller wirkenden Nasenspray gegen die chronische Verstopfung, er schrieb eiligst ein Rezept, und bevor ich aufstand, um die alternde Praxis zu verlassen, fasste ich allen erdenklichen Mut zusammen und log abmildernd ein hauchendes »Da gibt's noch eine Kleinigkeit« in seine Richtung. »Aha«, kam es aus seinem diagnostizierenden Mund wie aus der Pistole geschossen, »was haben wir denn sonst noch?« Ich konnte es alsdann kaum in Worte fassen, obschon es mich wochen- oder vielleicht monatelang wie ein Stalker begleitet hatte. »Ja, äh, eigentlich nichts Großartiges und Weltbewegendes, meine Mandeln schmerzen ein wenig mehr in letzter Zeit. Ich fühle mich auch schwach«, stammelte ich, während er gefühllos meinen Mund aufklappte, um hineinzustarren, ein tiefes, mit Stirnrunzeln garniertes »Oh je« krächzte und zur Krönung der unfeierlichen Zeremonie seinen Lieblingssatz, mit dem er mir schon in meiner Kindergartenzeit Angst eingejagt hatte, aussprach, nicht wissend, dass er damit meine sichtbare, hocherhitzte Nervosität nicht abkühlen konnte: »Man sollte dich schlachten.« Eine Aussage, die im Zeitalter besorgter TV-Psychologen nicht nur bei der Supernanny psychosomatischen Schamhaarausfall auslösen könnte. Zu spät, Dr. Grundmann hatte es mal wieder geschafft, mich noch ein Stückchen mehr zu verunsichern – er schrieb ein Rezept mit einem Mittel gegen Mandelentzündung auf, äußerte sich, typisch für ihn, nicht weiter zu seiner Diagnose, und ich wusste beim Verlassen des Arztzimmers nicht, ob meine gründlichen Recherchen, die von perniziöser Anämie über Leukämie, vom seltenen Morbus Hodgkin bis zum einfachen Pfeiffer'schen Drüsenfieber reichten, mit seinen Ergebnissen übereinstimmten oder ob ich aufatmen konnte. Entmutigt sagte ich den blöde aussehenden Hausfrauen im Wartezimmer »Auf Wiedersehen« und verschwand, um schon nach kurzer Zeit wieder mit meinem dem Arzt bekannten Blähungsproblem vorzusprechen.

Vermutlich, weil wir in der Zwischenzeit unser altes Haus verlassen hatten und in eine Dienstwohnung meines Vaters gezogen waren, musste ich irgendwie Luft ablassen und furzte dramatisch. Meine Befürchtungen, es könnte sich um den Wiederausbruch des schlafenden Wurmfortsatzes handeln, obwohl ich seit dem Urlaub in Meran nie mehr Truthahnfilet angerührt hatte, wurden genauso wie ein möglicher Bauchspeicheldrüsentumor von Dr. Grundmann mit Schweigen über Bord geworfen. Er sah die Ursache des kugeligen Blähbauches im Hauswechsel und dem damit verbundenen Stress – eine Argumentation, die mich nicht besonders überzeugen konnte. Da für lange medizinische Untersuchungen andererseits keine Zeit blieb, weil die neue Wohnung bezogen werden musste, gab ich mich mit der Diagnose erst einmal geschlagen, auch wenn mir das nicht half und minütlich Blähungen meinen Arsch verließen. Vielleicht war Grundmanns Reizdarmtheorie nicht grundsätzlich falsch, denn so gänzlich wohl war mir wegen des Umzugs nicht. Anscheinend war ich irgendwie den Katzentieren ähnlich: Drastische Veränderungen taten mir anscheinend nicht gut, und meine Eltern und Geschwister konnten froh sein, dass ich nicht in die Ecken schiss oder Möbel zerkratzte. Indessen hätte ich mich, wäre ich damals ein Kater gewesen, niemals an den neuen Möbeln, die wir mit dem Einzug in die neue Wohnung erhalten hatten, vergriffen; dafür schienen sie mir viel zu giftig zu sein, weil ich in ihnen Formaldehyd und andere Siebzigerjahre-Modegifte, aus heutiger Perspektive betrachtet, vermutete. Mit der Inbetriebnahme meines neuen Schlafzimmers quollen meine ohnehin bereits angeschwollenen Nasenschleimhäute noch stärker auf. Eine Stauballergie musste erst einmal ausgeschlossen werden: Meine Mutter putzte täglich die komplette Wohnung durch. Sogar die oberen Buchkanten in den neuen Regalen waren absolut milbenfrei. Mit einer für mein Alter phänomenalen Weitsichtigkeit erkannte ich das Übel direkt an der Wurzel: Gift in den neuen Möbeln!

Meine Giftstofftheorie und die wachsende Aversion gegen das Möbelhaus führten schließlich dazu, dass mein Vater die Sekretärin des Betriebsbesitzers anrief, um ihr mitzuteilen, dass ich seit meinem Einzug in die vier peinlichen Wände an undefinierbarem Schnupfen litt. Selbstverständlich hatte das Herrn Mickel, den Besitzer des Möbelhauses, ein halbes Jahr nach unserem Umzug wenig berührt – er hatte das Geld und wir den Ärger. Während ich das Schlafzimmer mit glasigem Nasenschleim vollrotzte, aalte sich der geldgeile Gifthändler möglicherweise mit unseren sauer ersparten Flocken in der karibischen Sonne und ließ es sich cocktailschlürfend gut gehen. Ich kann mich im Nachhinein nur daran erinnern, dass er irgendwann einmal zu Hause anrief, um Lackgifte in seinen Möbeln auszuschließen – ihm war offensichtlich bewusst, dass er mit seinem abgrundtief schlechten Verkäufergeplapper meine Mutter, die am anderen Ende der Leitung konzentriert zuhörte, um den Finger wickelte. Sie stürmte daraufhin ins Zimmer und verlas die frohe Botschaft: Alles sei bestens in Ordnung, Herr Mickel habe angerufen und die Reinheit seiner Schränke bestätigt, der Mann habe Verständnis für meine Belange gezeigt und lässt nett grüßen. Gott sei Dank kein Gift im Haus und tolle Möbel gekauft, lautete offenbar der Tenor ihrer Message. Meine stille Rebellion gegen die, obschon klinisch reine, dennoch verlotterte Zimmerausrüstung hatte nichts gebracht: Ich musste weiterhin niesend, röchelnd und nasenschleimprustend in meinem Räumchen am rechten, hinteren Ende der Wohnung übernachten. Was der Onkel Doktor als Allergie analysierte, interpretierte ich weiterhin als Vergiftung, doch niemand schien Anteil an meiner schaurigen Befürchtung zu nehmen. Das Zimmer sollte somit noch lange meine Behausung bleiben, inklusive aller geschmacklichen Fragwürdigkeiten: Auf dem Regal stand beispielsweise das alte Bild der Zugspitze mit getrocknetem Edelweißplagiat vor dem Fotoglas, das meine Eltern vor langer Zeit in Garmisch-Partenkirchen gekauft hatten. Zusätzlich schmückten nie gelesene Kommunionswälzer das Büchergestell, unter anderem ein schreckliches Lexikon für handwerklich geschickte Knaben, zu denen ich niemals gezählt hatte. Da blieb es, im Nachhinein betrachtet und völlig unabhängig von meinen Lackgiftrecherchen, nicht aus, dass mir die Augen tränten und die Nase ständig lief. Und weil ich mich gegen die Okkupation meines Kinderreiches mit lästigen, unbrauchbaren Geschenken aus der verschwitzten, klebrigen Verwandtenwelt wehren musste, tat ich dies mithilfe von Gandhi: Ich duldete die Lektüre im Zimmer, während sich der passive Widerstand in rot geäderten Quellaugen und aus der Nase triefenden Schleimfäden äußerte. Nur so, dachte mein Unterbewusstsein, kommen die besorgten Erziehungsberechtigten auf den Gedanken, meine Umgebung zu ändern – Fehlanzeige. Alles blieb beim Alten. Statt neuer Möbel gab es mehr Nasenspray, um die geschlossene Gurke zu öffnen. Ich kippte mir das komplette Produktspektrum aus internationalen Chemielaboren in die Nasenlöcher. Auch wenn ich zeitweise einmal Angst vor den Nebenwirkungen, der sogenannten Stinknase, hatte, gab es kein Entrinnen: Ich war süchtig. Möbellack und ein braves, literarisches Interieur, das vielleicht mit dem von Viertklässlern der Nachkriegszeit verglichen werden kann, hatten diese Misere ausgelöst, die ich einem Arzt nicht zu sagen wagte. Entkräftet gab ich mich der Allergie mit ihren Niesanfällen hin, spielte nachmittags wacker Klavier und nervte meine Eltern mit einem Schlagzeug, das mir tatsächlich Abwechslung brachte. Nur wenn ich die Snare* spielte,

* Schlagzeugtrommel mit Federteppich am Resonanzboden

ging es mir gut – keine Beschwerden, keine Gedanken an krankheitsbedingte Tode, keine quälenden Ärzte in der Reflexion. Aber sobald ich die Trommelstöcke weglegte, ging die Grübelfete von vorn los. Ich musste ja schließlich in meinem Zimmer immer noch die Hausaufgaben erledigen. Dann schlich ich mich während der ungern erledigten Studien ab und zu ins Wohnzimmer, griff nach dem bereits erwähnten Krankheitsbuch und fand, was alte Omas in der Geriatrie von Krankenhäusern erfahren: Ich hatte Dickdarmkrebs, eine Lackvergiftung des gesamten Körpers und zusätzlich psychosomatische Irritationen aufgrund meiner fiesen Stube. Ich ließ mich wieder abtasten, wenn es sein musste, auch morgens im elterlichen Schlafzimmer. Mutter schaute sich dann schnell den Hals an, mein Vater drehte sich, nachdem er kurz zuvor mit baldigem Herzinfarkt aufgewacht war, noch einmal um und stöhnte: »Lass den Quatsch!« Wie gut, dass ich ernst genommen wurde, auch vom Hausarzt, der mir nur ein Antiallergikum verschrieb, das heute nicht mehr erhältlich ist, weil Pharmakonzerne den Wirkstoff im Laufe der Jahre als zu gefährlich einstuften. Ich wurde davon jedenfalls unglaublich müde, und meine Mama hatte nichts Besseres zu tun, als mir ausgerechnet morgens, wenn ich meinen schlechten Notenspiegel verzweifelt anheben wollte, dieses Mittel zu verabreichen; dementsprechend konzentriert war ich im Unterricht. So kam, was kommen musste: Ich erhielt einen blauen Brief, in dem mir die Versetzungsgefährdung amtlich attestiert wurde. Mit pädagogischer Sorgfalt wurde ich daraufhin von meiner Mutter zusammengeschrien: »Du kommst auf die Hauptschule!«, eine damals schon vor PISA-Studien effektive Drohung gegen faulheitsbedingte Mangelleistungen.

Von nun an hatte ich noch weniger Bock auf das Gymnasium, da jedoch die Hauptschule auch im Jahre 1978 im gesellschaftlichen Ansehen mit dem heutigen Hartz IV gleichzusetzen war, zeigte ich von nun an bei jeder Frage, die die Lehrer stellten, auch wenn ich die Antwort niemals wusste, auf. Immerhin wurde ich dadurch ein wenig besser, auch wenn ich mittlerweile ohne medizinische Hilfe durch die Nase nicht mehr atmen konnte. Ich vermutete entartete Polypen an der gebogenen Nasenscheidewand und ging zu einem HNO-Arzt, der zuerst einmal meine Gurke durchspülte, um mich danach minutenlang vor ein graues, undefinierbares Gerät zu setzen, damit meine Nasennebenhöhlen, die offensichtlich stark vereitert waren, bestrahlt wurden. Diese lästige Prozedur machte ich ein paarmal gelangweilt mit, dann konnte ich die Nase auf der Straße so kräftig schnäuzen, dass ich eine grüngelbe Sekretspur hinter mir herzog. Zu Hause unterstützte meine Mutter die vermeintliche Heilung mit ekelhaften Kamillendampfbädern. Um diese anzurichten, hatte sie sich vom

Stadtapotheker ein Dampfgerät aufschwatzen lassen, in das Kamillenkonzentrat mit Wasser gefüllt wurde. »Das ist das Beste, was es gibt!«, untermauerte sie ihre hässliche sowie unwirksame Fehlinvestition und baute dabei die Dampfmaschine abends nach dem Sandmännchen in der Küche auf. Nachdem der Schwitzkasten die Betriebstemperatur von 100 Grad erreicht hatte, musste ich meinen schon als frühen Teenager viel zu großen Kopf auf eine Maske, die mit der sauheißen Kamillenextraktwanne verbunden war, setzen und tief den stinkenden Dampf einatmen. Währenddessen sang meine Mutter beim Abtrocknen des gespülten Abendbrotgeschirrs vergnügt Volkslieder wie »Im Frühtau zu Berge« oder »Lustig ist das Zigeunerleben«, ab und zu erhob ich meine schweißgebadete Rübe aus dem triefenden Hexenkessel und fragte sie, ob sie auch Songs aus ihrer Jugend singen könne – ein Wunsch, den ich mir kurz darauf zum Vorwurf machte, denn meine Mama scheute sich nicht, die Refrains verbotener Gassenhauer wie »Bomben auf Engeland« anzustimmen. Gott sei Dank war der Spuk allerdings nach zwanzig Minuten vorbei; dann klingelte die heute noch funktionierende alte Eieruhr aus den Sechzigern, und ich riss meinen feuerroten Schädel von der schweißgetränkten Maske ab. Mutter reinigte das Gerät, ich goss mir kaltes Wasser über den Kopf und schaute danach »Der große Preis« oder »Aktenzeichen XY«. Ab und zu erwischte ich mich selbst beim Fernsehgenuss dabei, wie ich meinen Bauch noch einmal gründlich befingerte, um das Schlimmste ausschließen zu können: Die Meraner Blinddarmtragödie hatte ich fühlbar noch nicht verdaut. Wenn es im Darm rumorte oder gar zwickte, konnte ich mein keimendes Unwohlsein nicht verbergen. Ich hatte nach wie vor panische Angst vor dem zu erwartenden Durchbruch, stellte mir vor, wie mein Dauermieter, der Stirnhöhleneiter, eines Tages beschlossen hatte, die Wohnung zu verlassen, um in den Blinddarm zu ziehen. Und da die neue Wohnung für den Eiter nicht groß genug war, plante er einen Durchbruch zur Bauchhöhle, wohl bemerkt, ohne den Vermieter vorher zu fragen – ein bitterer Verdacht mit folgenschweren Schäden für mich. Ich musste mit dieser fürchterlichen Furcht weiterleben und legte von nun an fest, mich mit Hausaufgaben wie ein Streber abzulenken.

Bedrohlicher Sackhaarmangel

Ich wurde älter, aber nicht reifer. Auf dem Klavier konnte ich mittlerweile langweilige, zähe Sonaten von Mozart klimpern. Andere Jugendliche rauchten heimlich die Zigaretten ihrer Eltern und trieben sich nachmittags in Lederjacken am Römerturm, einer unattraktiven, öden Einrichtung für historienbewusste Mitbürger, rum. Dort knutschten sie dann als ineinander verschlungene Kinderpärchen auf der über Holztreppen zugänglichen Aussichtsplattform so lange, bis sie tags darauf mit Wulstlippen im Matheunterricht die erwachsenen Helden spielen konnten.

Von all dem war bei mir nichts zu sehen: Ich trug dunkelgrüne Breitbandcordhosen, die ich mit meiner Mutter in einem angebotsfreien Dorfmodehaus einkaufen musste. Der Kaufprozess verlief nach einem streng einstudierten Ritual ab: Meine Mama begrüßte die Kaufhausbesitzerin, diese gab mir eine scheußliche Hose in meiner Größe, ich tapste in die neonröhrenbeleuchtete Umkleidekabine, und kaum hatte ich das schäbige Kleidungsstück angezogen, riss meine Mutter den Vorhang auf, um mir zusammen mit der Boutiquentante mitzuteilen, wie gut mir die Hose passe. Von Intimsphärenkenntnis war demnach bei beiden nicht das Molekül eines vagen Ansatzes vorhanden: Ich hätte hinter dem Vorhang wichsen können – das Duo Infernale hätte trotzdem den dünnen Schleier, der mir den Hauch des Privaten mutmaßlich zu schenken schien, mit einem Ruck an der oberen Vorhangschiene weggezogen, um das feine Stöffchen an den dünnen Teeniebeinchen zu begutachten. »Was denken Sie, Frau Kühne?«, fragte meine Mama die Verkäuferin, die sich sichtlich bemühte, mir als einzigem Tageskunden dieses widerliche Beinkleid anzudrehen. »Passt und sitzt optimal. Dreh dich mal um, Junge!«, lautete Frau Kühnes Rückäußerung, woraufhin ich den beiden in dem engen und zudem stickigen Holzkabuff meinen Arsch präsentierte. »Wie angegossen. Dann nehmen wir das«, bestätigte Mama den Deal. Erst heute wird mir bewusst, was ich sowohl mit Frau Kühne als auch mit Mutter in diesem Moment gemeinsam hatte: nämlich die Scheißegal-Haltung hinsichtlich des wichtigen Wohlfühlaspektes. Ob ich die gezwungenermaßen erworbene Modeware mochte, interessierte tatsächlich niemanden der beteiligten Anwesenden, Hauptsache war: »Der Junge hat was Ordentliches zum Anziehen!«, um meine Mutter noch einmal treffend zum Kaufmotiv zu zitieren. Dementsprechend kleidete ich mich tadellos mit Frau Kühnes Hosenplunder auch in der Schule, in der ab und zu modebewusste Mitschüler von gut aussehenden und trendigen Klamotten berichteten, was mich ein wenig zum Nachdenken bringen sollte, es aber nicht tat.

Also begann ich, mich zu kratzen, zuerst an den Händen, dann in den Ell- und Kniebeugen, mit steigendem Juckreiz auch im Gesicht. Manchmal sah ich morgens in der Klasse so aus wie in den Siebzigern »Das feuerrote Spielmobil« aus der gleichnamigen Serie. Vermutlich fragten sich meine Schulkumpels, ob ich im Stillen harten Alkohol saufe, aber mit 15 beschränkte ich mich auf den Genuss einer weltweit erfolgreichen Koffeinlimonadenmarke und 1,5-prozentiger H-Milch. Die orgasmusähnelnden Kratzorgien an Händen und Kopf waren Schuld an der allzu intensiven Hautrötung, hinzu kamen eine reichhaltige Trocknung und Schuppung der befallenen Hautpartien.

Meine Mutter versuchte daraufhin verzweifelt, die verkrustete, sich entzündende Exhaut mit einem übel riechenden Badezusatz, mal wieder aus reiner Kamille, zu behandeln, nicht ahnend, dass meine Haut auf den Wirkstoff Chamomilla hochgradig allergisch reagierte. Mein Aussehen erreichte ungeahnte ästhetische Höhepunkte: Ich sah aus wie ein rötlicher Atompilz über dem Bikini-Atoll und fühlte mich wie die Strahlenopfer. Meine Besorgnis wuchs ins Uferlose, als schauderhaft entstelltes

Menschenmonster machte ich mich auf die Suche nach dem Grund für die Schreckgestalt, die ich allmorgendlich im Spiegel erspähte: »Ich habe Hautkrebs, und das mit 15«, teilte ich meinen Eltern und Geschwistern mit, obwohl sie nicht zuhörten. Aber warum sollte ich in so jungen Jahren an dieser Krankheit leiden, lautete die Gegenfrage, die ich mir selbst stellte – zu Recht, denn ich gehörte als käseweißer Sonnenhasser geschlechtsbedingt nicht zur Riege der notgeilen Sonnenbankdamen, die mit künstlicher Bräune und faltigen Brüsten Männer aufreißen wollten, jedoch auch nicht zu den goldkettentragenden Sonnenbankkraftprotzen, die selbst ihre Genitalien unter den UV-B-Röhren brutzeln ließen, um optisch in der Kiste Manneskraft vorzutäuschen. Bislang potenzfrei machte ich mich, mal wieder mit meiner Mutter, auf zu einem Hautarzt nach Koblenz. Irgendein Bekannter mit einer gruseligen Schuppenflechte aus dem Kegelclub meiner Eltern hatte diese Fachkraft für meinen speziellen Fall empfohlen. »Im Übrigen ist der Mann sogar Professor«, wiederholte sich meine Mutter ständig wie ein gesampelter Hip-Hop-Loop. »Dieser Mann kann helfen und wird sich für dich viel Zeit nehmen«, lautete ihre irrtümliche Ärztetheorie, die zu Beginn der Achtzigerjahre die heile Welt der Schwarzwälder Glottertalmedizin vorwegnahm. Bereits Wochen vor dem ersten Date mit dem Heilgötzen betonte sie mehrfach die Kernkompetenz des Hochschul-Lehrstuhlinhabers. »Dieser Mann behandelt nur Fälle wie dich« oder die sensationelle Feststellung »Er ist ein Spezialist« sind nur zwei Fragmente aus ihren täglichen Dauerwerbesendungen für den Experten, den sie wie ich noch gar nicht kannte, jedoch »nur Gutes über ihn gehört hatte«. Bis zum Tag der Abreise in die Stadt am Zusammenfluss von Rhein und Mosel, was für mich, der 30 Kilometer entfernt in der Provinz lebte, einer Weltreise gleichkam, hatte ich kräftig und unnachgiebig meine Hände zu trockenen Schuppen pulverisiert. Sie sahen jetzt majestätisch aus, als sie im eigenen Entzündungssaft glänzten, mit festlichen, juckenden Schwellungen und einer aufwendigen Kruste veredelt. »Ja«, dachte ich, »so kannst du dich vorstellen. Du siehst blendend aus.« Als wir dann an besagtem Werktag spätnachmittags bei Herrn Professor Namenlos im Wartezimmer saßen, wurde ich unverhofft von den tagelang verdrängten Hautkrebsängsten eingeholt. Meiner Ansicht nach konnte die ausgewiesene Lokalkoryphäe auf dem Gebiet für Haut- und Geschlechtskrankheiten bloß meine herzbrechende Diagnose aussprechen – der Zustand der Haut erinnerte meiner Annahme nach ohnehin an verdrießliche Zerbombungsszenarien aus dem Zweiten Weltkrieg, man hätte meine Handoberflächen durchaus auch »Dresden« nennen können. So schwante mir im Moment des Namensaufrufes der Gedanke, es könne sich um eine Art Endstadium handeln. Meine Mutter folgte mir mit ihrer dicken Handtasche, in der vorsichtshalber mit Echt Kölnisch Wasser getränkte Erfrischungstücher lagerten, in den Behandlungsraum des Erlösers. Selbstverständlich trug der glatzköpfige Facharzt einen strahlend weißen Kittel, was meine Mutter merklich beeindruckte.

Kaum hatten wir Platz genommen, kam der Mann, der angeblich seinen Patienten viel Zeit für individuelle Gespräche ließ, sofort zur Diagnose. Ich atmete tief durch, als er mich, den Kugelschreiber aus der linken Brusttasche des weißen Umhangs zückend, ansah. »Ich sehe schon, junger Mann. Das ist ein sogenanntes endogenes Ekzem, Neurodermitis. Das kann man nicht heilen.« Oh Gott, was hatte er da von sich gegeben? Etwa unheilbar? Ich machte mir Gedanken über meinen Nachlass, da ertönte es schrill in meinen Ohren: »Nein, tödlich ist es nicht. Es ist eine allergische und genetisch bedingte Hauterkrankung.« Und was konnte man dagegen tun? »Nichts!« Der Arzt unterschrieb rasch ein Rezept, auf dem stinkende Bäder mit Teer und eine riesige, fettige Cortisonsalbe verordnet wurden – das war's. Mutter und ich verließen daraufhin die Praxis auf Nimmerwiedersehen, auf dem Nachhauseweg musste ich Mamas Lobeshymnen über den netten Doktor mit den vielversprechenden Therapieansätzen anhören, zu Hause bestellte ich das verschreibungspflichtige Wunschpaket, und einen Tag später lag ich schon splitternackt in einer gelbbräunlichen Teerbrühe, die ich in die Badewanne gefüllt hatte. Noch nie in meinem Leben hatte ich so erbärmlich gerochen, mein gesamter Körper stank nach frisch geteerter Autobahn, und im Falle eines Rendezvous hätte ich mich mit dem nach Teer müffelnden Pimmel allerhöchstens für flotten Schmuddelsex hinter der Raststätte geeignet. Da selbst daran zum Zeitpunkt des Wannenbades nicht zu denken war, rieb ich mich in der Behandlungsphase mit der senfähnelnden Cortisonpampe von oben bis unten konsequent ein. Der Nachteil daran war mein konsequenter pharmazeutischer Körpergeruch: Ich war mittlerweile zu einer zu Mensch gewordenen Chemiedeponie mutiert. Ich aalte mich in teerhaltigen Lösungen, massierte mich mit künstlichen Hormonpräparaten, goss mir literweise toxische Tropfen in die Nasenlöcher und schluckte Histaminblocker, die mich bereits am frühen Morgen zum Schlappschwanz degradierten – ich war, medizinisch betrachtet, eine erbärmliche Kreatur in jungen Jahren, die bislang niemals aufgemuckt hatte, bis die Wende kam. 1980 trat ich in die schlechteste Rockgruppe Europas ein: »The Bootlickers«. Diese Band bestand aus Dieter an der Gitarre, Uwe am Bass und meiner Wenigkeit an der Schießbude. Was wir konnten, war, milde ausgedrückt, nichts, und genau das fanden wir mehr als nur fantastisch, es war, um Dieter zu zitieren, rattenscharf. Ich probte mit der frisch gegründeten Chaoscombo regelmäßig im Aufenthaltsraum der Bank, in der mein Vater als Vorstand arbeitete – eine Sondergenehmigung, die man uns besser nicht erteilt hätte: Kaum waren wir in die spießige Pausenhütte eingezogen, wagten wir uns abends während der ohrenbetäubenden Livesessions an die gekühlten Fressalien der Bankkollegen, die im Kühlschrank namentlich gekennzeichnet lagerten. Brav aßen und soffen wir alles, was uns vor den Mund kam, mit dem Ergebnis, dass sich die Banker gegenseitig des firmeninternen Warendiebstahls beschuldigten, uns jedoch anfänglich nicht verdächtigten, bis wir auf frischer Tat zwetschgenkuchenessend in der kleinen Küche neben dem Raum von der Bankputzfrau, Frau Lotzig, erwischt wurden. Tags darauf standen wir mit unseren Instrumenten auf der Straße und hatten viel Mühe, den verpassten Karriereanschluss an die Rolling Stones wieder aufzuholen. Genau in jener Zeit war ich alles andere als brav: Die Musik konnte nicht laut genug sein, mein ohnehin verhunztes Zimmer fand ich so schön wie den zerfallenden Inhalt einer Müllverbrennungsanlage, manchmal kam ich von der Schule nach Hause und begrüßte die Eltern am Mittagstisch mit Herzlichkeiten wie »Hallo, ihr Arschlöcher!« oder »Na, ihr Ficker!«, dann maß ich meinen wachsenden Penis mit dem Schullineal im Badezimmer aus, um mithalten zu können. Die Maße betrachtend, war ich nicht unzufrieden, doch mit den wöchentlichen Längenmessungen am Schwengel fiel mir etwas anderes auf: Ich hatte viel zu wenige Sackhaare im Schambereich. Ich versuchte, sie anfänglich einzeln abzuzählen, doch das gelang mir nicht, weil sich zwischen den bereits farbigen Haaren zarter Schamflaum breitgemacht hatte, der mir eine objektive Volkszählung, das Sackhaar als Bürger einmal vorausgesetzt, unmöglich machte. Umso erschrockener reagierte ich, als ich in den Neuauflagen der Krankheitsbücher meiner Mutter zu diesem empfindlichen Thema nichts fand: Zwar hatte meine zwölf Jahre ältere Schwester in ihrem Appartement, das sich auf der gleichen Etage wie die Dienstwohnung befand, einen alten Sexualatlas für Erwachsene in der Nachtkommode versteckt. Anscheinend nutzte sie die sauige Literatur, um vor dem Geschlechtsverkehr bebilderte Stellungen zu studieren. Doch diese gingen mir nach der festgestellten »Sackhaarglatzschambeinigkeit« tatsächlich mal, salopp formuliert, am Arsch vorbei – die zusätzlichen Fotos von Heranwachsenden, die mit ihrer aufblühenden Genitalpracht vor der Linse des sicherlich aufgegeilten Atlasfotografen posiert hatten, fand ich wesentlich interessanter, aber nur aus einem Grund: um festzustellen, wie stark der Sackhaarwuchs bei Jungen meines Alters fortgeschritten war. Was mein Auge da erblicken musste, ließ in mir größte Zweifel wachsen: Der abgebildete Protagonist zeigte einen jungen Mann mit einem dichten, schwarzen Schamkranz um den herabhängenden Pipimann, die Behaarung hatte die Farbintensität eines saftigen, dunklen Tannenwaldes. Im Kontrastprogramm dazu offenbarte sich unterhalb meiner Gürtellinie nur ein abgeholzter Regenwald mit spärlichem Nachwuchs, der leider zudem einen starken Rotstich aufwies. Wie gut, dachte ich, dass man tagsüber nicht nackt über die Straße gehen muss, obgleich ich den nahezu kümmerlichen Hain gern einem Kenner auf dem Gebiet der pubertären Sackhaare gezeigt hätte, um seinerseits über den sachlichen Zustand der Lümmelumzäunung informiert zu werden. Zusätzlich erwartete ich von ihm mögliche Tipps zur raschen Bewaldung des von Breitcord streng abgeriegelten Schutzgebietes. Der Sachkenner musste in diesem Falle sozusagen ein Sackkenner sein, ein Kerl mit Expertentum auf dem Gebiet der Anatomie. Vielleicht hätte ich eine junge Frau fragen können, doch dazu fühlte ich mich als Milchbubi noch viel zu unreif.

Genitalbereich in Gefahr

Die Gefahr, mein Leben lang auf Sackhaarsuche gehen zu müssen, erfüllte mich mit tiefer Furcht. In keiner Zeitschrift stand dazu irgendein Artikel, und wenn ich in die Schule ging, machten meine Mitschüler nicht unbedingt den Eindruck, an der gleichen Misere zu leiden. Da sie teilweise schon mit vermeintlichen Mädchengeschichten protzten, ging ich in ihrem Falle von einem bereits vorhandenen starken Schamhaarbewuchs aus. Vermutlich waren sie freitags bereits in höchster Vorfreude auf das anstehende Wochenende: Dann, so überlegten sie, war die Zeit reif, um pubertierende Girls in schummerigen Dorfdiscos abzuschleppen. Und da das Alter der potenziellen Geschlechtspartner für einen eventuellen Koitus noch zu kindlich war, begnügten sich meine Klassenkameraden im Falle eines Flirterfolges auf das Erfummeln des Schambereiches, bei mir mit 15 absolut undenkbar. Da gab es überhaupt nichts Rühmliches zum Anfassen: Der kleine Frechdachs hinter dem Unterhosenschlitz konnte durchaus noch ein paar wachstumsfördernde Proteine gebrauchen, und der Anschein der Behaarung gab mir den Rest – mit dem Fazit, den Bengel und sein Gefolge erst einmal in der Originalverpackung zu lassen. Eine gute Lösung, sowieso konzentrierte ich mich in diesen Tagen primär auf den Erfolg der »Bootlickers«: Immerhin spielten wir, durch die Tatkraft unseres managenden Bassisten, in megapeinlichen Dorfsälen, die bis zur ersten Songdarbietung wenigstens gut gefüllt blieben. Wenn wir, und das war meistens so, nicht auftraten, probten wir in verschiedenen Räumen, die aufgrund unserer Lautstärke und diverser nachbarschaftlicher Beschwerden oft gewechselt werden mussten, weil uns die Verantwortlichen bereits nach wenigen Tagen traditionsbedingt rauswarfen. Mal war es die bereits beschriebene Bank, dann ein spinnenreicher Kartoffelkeller, mal eine Holzhütte, dann ein gepflegter, eingezäunter Einfamilienbungalow, dessen Besitzer Uwe, unser Bassist, recht gut kannte. In besagtem Haus durften wir im Falle der häufigen Abwesenheit des Eigentümers bis zum Erbrechen proben, wir hatten dafür sogar einen Schlüssel erhalten. Es war dann immer dasselbe: aufschließen, Equipment im Flur aufstellen, vier Stunden lang bis zum chronischen Tinnitus die Gitarren zum Quietschen bringen und danach der lästige Instrumentenabbau mit der abschließenden Säuberung des benutzten Territoriums, die eigentlich gar keine war. Schließlich stank der vom Eigentümer gestiftete Staubsauger zur Pflege des Schlingenteppiches fürchterlich nach Fußschweiß. Trotz mancherlei Muffgerüche in der ein oder anderen Probenbehausung zeigte das bäuerliche Lotterleben im abgegrasten Provinzrocksegment eine langsam einsetzende Wirkung: Je öfter ich von zu Hause bandbedingt weg war, desto mehr Haare konnte ich rund um Hoden und Pillemann verbuchen. Lehrer an meiner Schule sprachen, was diese pubertären Veränderungen betraf, schwülstig von der »Reifung des Jungen zum Mann«, ein mindestens genauso peinlicher Erklärungsversuch wie die früheren, abgewirtschafteten Bemerkungen meines themenüberforderten Grundschullehrers zum Geschlechtsakt von Mann und Frau: »Papa und Mama haben sich sehr lieb und legen sich ins Bett«, hatte es ein paar Jahre zuvor aus seinem Munde geheißen. »Wenn der Papa dann besonders lieb zur Mama ist, wandert sein Samen in die Scheide.« Eine selten bescheuerte und unverständliche Sinndeutung dafür, dass man den kleinen Johannes in die passende Buchse stecken muss und mal früher, mal später ejakuliert. Ich war zumindest allmählich in der Lage, mit der sichtbaren Stärkung der Genitalien die beachtlichen Zusatzfeatures meines Rüssels nebst genereller Pinkelfunktion direkt zuzuordnen, was ich als Grundschüler nach dem verschlüsselten Sexualunterricht des verschlossenen Pädagogen niemals gekonnt hätte.

Darin sahen auch meine beiden älteren Bandkollegen eine beachtenswerte Entwicklung; mittlerweile war ich schon 16, nach wie vor äußerlich ein Relikt aus der Vorschulzeit, aber herangereift. Ich hatte einen relativ beschwerdefreien Sommer erlebt, was sich leider mit der Vergilbung der Laubblätter schnell ändern sollte.

Eines Tages bemerkte ich ein widerliches Druckgefühl in meinem linken Hodenei. Im Gegensatz zum fahrlässigen Rest der Menschheit hatte ich mir dabei direkt etwas gedacht; dieses eigenwillige Ziehen zwischen Hodenoberfläche und Damm gefiel mir nämlich, um meine Mutter zu zitieren, ganz und gar nicht. Selbstverständlich griff ich gekonnt ins Wohnzimmerregal, recherchierte im Kapitel »Geschlechtserkrankungen« und wurde wie vom Blitz getroffen: Aller Wahrscheinlichkeit nach hatte ich mir eine unerklärliche Entzündung des linken Hodens zugezogen. Je öfter ich die Eier betrachtete, umso farbiger und rötlich entzündeter erschienen sie mir. Folglich zeigte ich mittags meinen Eltern am Essenstisch den Sack in seiner vollen Pracht. Meiner Mutter fiel während der ungewohnt transparenten Darstellung die heiße Kartoffel aus dem Mund, schlimmstenfalls kullerten damit auch ihre Dritten auf den Teller. »Lass doch die Sauerei«, richtete sie nuschelnd aus und schien nicht zu wissen, dass es mal wieder schlecht um mich stand. Denn je mehr ich über Hodeninfektionen las, desto mehr schmerzte die von mir aus betrachtete linke Kugel. »Schau mal, Mama, ist der linke Hoden im Vergleich zum rechten Ei geschwollen?« »Nein, ist er nicht!« »Aber er ist doch roter als der andere?« »Nein, ist er nicht!« War er doch, da war ich mir sicher, demnach versuchte ich die Ursache für rote Hoden zu erforschen und blieb auf ganzer Linie erfolglos. Mittlerweile hatten wir einen neuen Hausarzt, weil Dr. Grundmann in Rente gegangen war. Der Neue, der vorher die gynäkologische Abteilung eines nahe gelegenen Krankenhauses geleitet hatte, eröffnete seine Praxis in den alten Räumen von Dr. Grundmann, was mir Vertrauen einhauchte. Da in der Zwischenzeit mein Hodenproblem vom Entzündungs- in Krebsverdacht umzuwälzen drohte, weil ich zu Hause in Panikattacken verfiel, beschloss ich, den Exfrauenarzt, der sich sicherlich gut mit menschlichen Fortpflanzungsgeräten auskannte, aufzusuchen. Dr. Tattey fackelte nicht lange rum: Nachdem ich ihm zögerlich mein Druck- und Schmerzgefühl im linken Ei erklärt hatte, bat er mich, die Hose runterzulassen, damit er mein Kapital bestaunen konnte. Kaum hingen die Cordlumpen in den Kniekehlen, griff er mit seiner riesigen Hand an den blassrötlichen linken Hoden und tastete sich von der Ober- auf die Unterseite, ich mochte gar nicht hinschauen. Nach ein paar Sekunden voller Angstschweiß durfte ich das Epizentrum der Fruchtbarkeit wieder einpacken, von Sackhaarmangel hatte der Arzt bis dato nichts bemerkt. Er fügte allerdings zu meinem Leidwesen hinzu, mich »sicherheitshalber zu einem Urologen zu überweisen«, der sich Ball und Keule noch einmal anschauen sollte. Mir wurde ganz schlecht bei dem Gedanken, das bereits jetzt entwürdigte Gehänge zum zweiten Male vorzuführen. Ahnte der neue Doktor etwa einen streuenden Krebs hinter der aufwendigen Fassade aus Schrumpelhaut und zarten, bläulich durchschimmernden Äderchen? War es bereits zu spät?

Ich entschloss mich, noch am selben Nachmittag mit meinem neuen Gefährt, einer roten Poppervespa, in die Neuwieder Innenstadt zu reisen, um dem empfohlenen Eiermann einen ungewollten Besuch abzustatten. Ich erinnere mich noch heute daran, dass es regnete und ich pitschenass die Stätte des männlichen Grauens erreichte. Im Wartezimmer angekommen, gab ich den Überweisungsschein ab und musste mich danach, mir kam es wie Stunden vor, in die wartende Altherrenriege quetschen. Unerwartet wurde ich plötzlich, wie aus einer trüb verträumten Mischung aus Angst und Dämmerschlaf gerissen, von einer Arzthelferin zum Pinkeln gezwungen. Sie gab mir einen Plastikbecher, und da ich tatsächlich seit dem Besuch bei Dr. Tattey nicht mehr gestrullt hatte, ergoss sich meine übervolle Blase durch die enge Harnröhre wie ein kräftig aufgedrehter Wasserhahn in das kleine Gefäß. Auch an diesem Tag tat mir das Harnlassen, wie schon seit einer Woche, besonders nachdem ich den letzten Tropfen abgeschüttelt hatte, sauweh. Das grausige Entsetzen machte sich daraufhin in mir breit, der Hodenkrebs könnte sich bereits auf die Blase ausgedehnt haben. Was genau blieb mir in diesem Moment finaler Torturen anderes übrig, als mich vor dem zu erwartenden irdischen Adieu von einem Hodensackfetischisten unter die Lupe nehmen zu lassen? Doch bevor es so weit war, musste ich nach der überstandenen Blasenentleerung eine dezente Peinlichkeit über mich ergehen lassen: Mit dem randvoll gefüllten Pissbecher jonglierte ich vom Herren-WC in Richtung Rezeption, wohl wissend, dass ich bei jedem Schritt ein paar Tropfen Urin auf die Erde verschüttet hatte. »Junger Mann, was haben Sie da gemacht?«, fragte die Helferin mit gekünstelter Freundlichkeit. »Sie hatten doch gesagt, ich sollte in den Becher pinkeln?«, entgegnete ich. »Ja, aber nur ein paar Tropfen. Das ist etwas zu viel des Guten«, so die belehrende, strenge Antwort, mit der mein urologischer Einstand nicht unbedingt von Erfolg gekrönt wurde. Während ich den randvollen Behälter auf die Rezeptionstheke stellte, wischte die entnervte Helferin hinter meinem Rücken die Bodenpisse weg. Dann wurde ich von ihr aufgefordert, mich wieder ins Wartezimmer zu setzen, in dem scheinbar scheintote Schwachpinkler die Stühle besetzt hielten. Brav stellte ich mich an die Wand und vermied es, aufreizende Magazine mit ihren Nacktpaarfotografien zu lesen. Nicht auszudenken, was passiert wäre, wenn die Stange während der anstehenden Untersuchung pubertär bedingte Reaktionen gezeigt hätte. Der Seniorenratgeber für Zuckerkranke war da schon besser geeignet. So dauerte es noch ein paar Minuten, bis mich der Herr der Hoden in seine Gemächer bat. Der Mann trug keinen Arztkittel, vermutlich um wie der nette Nachbar von nebenan zu wirken, doch die Utensilien neben der grauen Liege verrieten bereits, dass wenige Sekunden später der sympathische Eindruck getäuscht hatte. »Welche Beschwerden haben Sie?«, fragte mich der grau melierte Doktor. Zitternd sprudelte es alsdann aus mir heraus: »Der linke Hoden schmerzt, und seit ein paar Tagen zieht es fürchterlich in der Blase, nachdem ich gepinkelt habe.« Flott erhob sich daraufhin der Mediziner aus seinem dicken Ledersessel, kam bedrohlich nah auf mich zu und schien genau zu wissen, was er vorhatte, als er »Na, dann wollen wir mal!« mir entgegenhauchte. Ich musste mich vor ihm ausziehen. Dass die Hose mal wieder in den Kniekehlen baumelte, war ich mittlerweile durch die selbst durchgeführten Untersuchungen zu Hause gewohnt. Dann stieg mein Blutdruck rapide an, als er sich vor meinem baumelnden Flegel auf einen Hocker setzte. »Gott sei Dank«, dachte ich in diesem Moment, »habe ich mein Glied auch heute Morgen wieder unter der Vorhaut gewaschen.« Es wäre nämlich nicht auszudenken gewesen, wenn der charmante Klötengrapscher im Zuge seiner Genitaldurchleuchtung zart schmelzenden Eichelkäse entdeckt hätte. Durchaus hatte es Altersgenossen in meinem Umfeld gegeben, denen ich den Mangel an Sexualhygiene ernsthaft zugetraut hätte – weil ich aber aus einer bis auf die Knochenhaut desinfizierten Familie stammte, galt Pimmeldreck bei uns als so ausgestorben wie die Pest. Das schien der Arzt offensichtlich zu ahnen, immerhin traute er sich mit seinen Händen und seinem Gesicht noch näher an die drei kleinen Kostbarkeiten heran, und tatsächlich, er schob die Vorhaut zurück, betrachtete offensichtlich zufrieden die Eichel und versuchte, mir vor der Eierbeschau Mut zuzusprechen: »Keine Angst, es tut nicht weh.« Jene typische Medizinerredensart, die erfahrungsgemäß vor einer schmerzenden Körperteilerforschung von Doktoren angewendet wird, praktizierte er auch an mir. Ich wurde folglich noch ein klein bisschen nervöser, besonders als er mit seinen Händen den wehtuenden, linken Knäuel fingerfertig hin- und herbewegte. »Halb so schlimm«, setzte er während der rohen Folter noch eins drauf. Ich empfand die Begutachtung als äußerst demütigend, kaltherzig und tatsächlich kalt. Der Mann hatte schließlich vor dem Routinecheck seine Hände mit Seife gewaschen, allerdings mit eiskaltem Wasser. Ich konnte demnach spüren, wie sich die Adern in meinen Hoden während der Fummelei regelrecht zusammenzogen, tat aber so, als bliebe ich dabei völlig unbeteiligt. Demzufolge starrte ich an die farblos-triste, neonröhrenerstrahlte Decke, wisperte ab und zu ein leidvolles »Aua« in den Raum, was ihn augenscheinlich nicht aus der Fassung zu bringen vermochte. Dann setzte er zu seinen ersten Ergebnissen an, ich hatte ein »K« wie Krebs ausgesprochen erwartet, er faselte jedoch etwas von einer kleinen Zyste, einer sogenannten, von den Nebenhoden ausgehenden Spermatozele, jeweils im linken und im rechten Hoden, die aber viele Männer hätten, für ihn kein Grund zur Besorgnis. Zusätzlich hatte er oberhalb der wunden, also linken Kugel eine fühlbare Krampfader entdeckt, die er Varikozele nannte. Darunter verstand er eine Erweiterung der Hodenvenen am Samenstrang, die ab und zu mal mehr, mal weniger schmerzen konnte. Ich ersparte mir danach die im Mund angestaute Frage, ob auch eine mechanische Überreizung des betroffenen Bereiches krampfauslösend wirken könnte, und hatte einen schnell einsetzenden Albtraum: Der Urologe zog mir dabei bewusst ohne die schmerzlindernde Anwendung von Betäubungsmitteln die dickliche Krampfader aus dem Sack, lachte dreckig und hielt die rotbläuliche Faser in seinen Händen. Aus diesem schlechten LSD-Trip-Abklatsch wurde ich jedoch schnell wieder rausgerissen, als mir der Arzt stahlhart und unmissverständlich befahl, mich mit dem Oberkörper auf die Liege zu lehnen, das Hinterteil ihm zuzuwenden und mir darüber keine Gedanken mehr zu machen, was in den folgenden Minuten auf seinem Programmplan stand. »Entspannen Sie sich!«, waren seine allerletzten Worte, die ich bei vollem Bewusstsein vernahm. Ich fragte vorsichtig nach, was er mit mir vorhabe, doch das Einzige, was er mir zu sagen hatte, waren die berühmten drei Worte, und die lauteten eben nicht »Ich liebe dich«, sondern »Entspannen Sie sich!«. Verkrampft starrte ich auf die weiße Wand, hörte, wie er sich quietschende Gummihandschuhe über die riesigen Urologenpranken zog, und wurde danach leider Zeuge einer nie vergessenen großen Hafenrundfahrt: Er flutschte mit seinem flotten Zeigefinger rasch in meinen Anus hinein, den er zuvor sorgfältig mit fettiger, weißlicher Vaseline eingepinselt hatte. Ein ekeliges, nicht mehr feierliches Gefühl überkam mich, will heißen das lebendige Bild, direkt eine ganze Packung Zäpfchen nebst Umhüllung in den Mastdarm geschoben zu bekommen. Man stelle sich vor, einen bereits geschissenen Riesenhaufen wieder in die Endbiegungen des Verdauungstrakts am ganzen Stück zurückzuschieben, dann hat man einen detaillierten Eindruck meiner Empfindung an den hochsensiblen Arschnerven. Bohrend und sich drehend erreichte des Meisters flotter Gummifinger sein angepeiltes Ziel, die bislang von mir unbemerkte gute, alte Prostata. Er drückte ein wenig darauf rum, und seine Frage, ob dies wehtue, hätte sich der Folterknecht mit Doktortitel besser sparen können: Zwar hatte ich seine impertinenten »Sit-back-and-relax«-Sprüche weiterhin im Ohr, sein Finger an der glitschigen Drüse holte mich dessen ungeachtet mit Lichtgeschwindigkeit in die bemitleidenswerte Realität schonungslos zurück. Ich schrie so laut wie Jim Morrison bei »When the music's over«, sodass der Arzt, sollte er immer noch praktizieren, als Erinnerung ein klirrendes Innenohrgeräusch zurückbehalten sollte, und zögerte nicht mit derben Zurückweisungen wie »Sofort aufhören!« oder »Lassen Sie das auf der Stelle sein!« – armselige Regieanweisungen eines viel zu jungen Urologiefalles, auf die der Drüsenmasseur überhaupt nicht einging. Das krasse Gegenteil war der Fall: Wie von meinem Leidensgeschrei zur Höchstform motiviert, presste er jetzt die Prostatabohne so lange, bis aus meinem Penis ein qualvoll produzierter Sekrettropfen träufelte. Erst danach schien der entmenschte Viehdoktor, der besser Metzgergeselle in einer fabrikähnlichen, Blutwurst produzierenden Großfleischerei geworden wäre, als an hilflosen, gebückten Männern das Vorsteherorgan zu piesacken, mit seinem erledigten Tageswerk zufrieden zu sein. So rapide wie er den Finger in den Po gesteckt hatte, zog er ihn wieder raus. Abermals hörte ich in weiterhin gebückter Stellung das Flutschen von Gummihandschuhen, die abgestreift werden, dann das Geräusch fließenden Wassers am Waschbecken. Der Meister wusch seine heilenden Hände; er hatte das Zepter, das er vorher bereits während der Untersuchung im wahrsten Sinne des Wortes in der Hand hatte, nun erst recht mit festem Griff umschlungen. Er war es, der jetzt wieder die Anweisungen gab: »Stellen Sie sich hin, ziehen Sie sich an!«, so seine ersten Worte nach getaner Arbeit, dann erfolgte das obligatorische »Nehmen Sie Platz«, woraufhin ich mich wie ein loyaler Schuljunge auf den gepolsterten Stuhl setzte. Als sich mein gebeutelter Hintern dann in das weiche Sitzpolster drückte, spürte ich die glibberigen Cremereste in der Anusfurche; sie zogen einen schmierigen, öligen Film über die Unterhose. Ehrenhaft erduldete ich auch diese Qual und traute mich keineswegs, die hinter mich gebrachte Demütigung mit Worten zu interpretieren. Stattdessen schilderte er seinen Befund: »Junger Mann, was Sie haben, nennt man Prostatitis, eine ...« »Eine was?«, fuhr ich erschreckt auf. »Etwa Krebs? Prostatakrebs?« Ruhig und entnervt sprach der unterbrochene Mediziner weiter: »Wenn Sie mich ausreden lassen, danke. Eine akute Entzündung der Prostata.« Jetzt endlich verstand ich: Daher das seltsame Ziehen im linken Ei und der permanente, muskelkaterverwandte Druck im Blasenbereich nach dem Urinieren, denn, so der Arzt, »der Schmerz kann bis in die Hoden ausstrahlen«. Aber wo hatte ich mir diese für junge Jahre ungewöhnliche Infektion zugezogen? War ich innerlich bereits an den Organen vergreist? Musste ich demnächst mit alten Männern in Selbsthilfegruppen über den Erfolg von apothekenpflichtigen Kürbiskernpräparaten bei geschwollener Prostata fachsimpeln? »Ja, das kann schlimmer werden«, betonte der studierte Pimmelkritiker, »Sie bekommen von mir ein Breitbandantibiotikum und ...« Nein, ich betete zum lieben Gott, dass er mich nicht in die Apotheke schickte, um Altmännerarzneien zu bestellen, doch das Gebet blieb unerhört. »... und Kürbiskerne. Täglich dreimal«, schallte der Arzt eisig in sein Sprechstundenzimmer hinein. »So schnell«, leitete ich aus der unschönen Visite ab, »wird man erwachsen: gestern noch keine Sackhaare, heute bereits Beschwerden mit der Prostata.« Als geknickter, schwächelnder Altenheimanwärter verließ ich die Praxis, um sie zwei Wochen später noch einmal zwecks Nachkontrolle besuchen zu müssen. Derweil war ich abgehärtet: Ab ins Wartezimmer, dann den Plastikbecher mit wenigen Pissetropfen an der Rezeption abgeben, Hose runter, Beine breit, mit Finger im Arsch cool bleiben, anziehen und so tun, als ob mir der Vaselinerückstand zwischen den Beinen nichts ausmache. »Es ist besser geworden, wir sehen uns in zwei Wochen wieder«, äußerte sich der Urologe. Zum dritten Mal musste ich die Prozedur erleiden, doch hatte ich währenddessen die Ursache entdeckt: Ich war im Winter ständig ohne Nierenschutz Motorroller gefahren. »Das«, so schloss ich, »war die Quittung!«

Erster Lymphdrüsenkrebs

Kein Witz, aber ich musste im Jahre 1983 noch öfter den ungeliebten Männerheiler besuchen: Die Antibiotikakur, der peinliche Kürbissamen, den ich in der Apotheke mit dem Vorwand, es sei für meinen Vater bestimmt, gekauft hatte, und die ärztlich empfohlene Prostataernährung zeigten kaum Wirkung, obschon ich, offen gesagt, daran nicht ganz so unschuldig war, wie ich tat. Die Bakterienkiller hatte ich recht unregelmäßig geschluckt, den Nierenschutz für die Vespafahrten trotz Nachdruck täglich wie ein Alzheimerkranker sorglos vergessen, und an die hülsenfruchtfreie Nahrung hatte ich mich erst recht nicht gehalten, weil meine Mutter mit Vorliebe frische Linsensuppe kochte, die ich zwar gern aß, aber nach dem Verzehr eine Woche lang dauerfurzte. Diesen, zusammengefasst, jugendlich spätpubertären Trotz bezahlte ich mit monatlichen Besuchen beim knetenden Eier-TÜV, sodass sich Mama ernsthafte Sorgen machte, ob ich an dem ständig wiederkehrenden Hodengrapschen Gefallen gefunden hätte. Dass dem nicht so war, hätte sie spätestens dann erkennen können, als ich die Arzttermine, ähnlich wie die Schutzbekleidung für den Popperroller, zu vergessen begann. Ich wurde altersbedingt fahrlässig, vielleicht aus Protest gegen den abermals erfolgten Umzug in ein Haus, das mein Vater gebaut hatte, vielleicht, weil der Arzt die grausame Menschheitsgeißel Krebs im Falle meiner geschundenen Genitalien vorerst ausgeschlossen hatte. Ich gebe zu, ab und an den Venenzufluss am linken Hoden mit der peniblen Exaktheit eines Uhrmachers, der die gebläuten Schrauben in der Uhrmechanik observiert, beäugt zu haben – dies tat ich jedoch aus Interesse an der Erforschung einer Krampfader am eigenen Leibe. Solch einen Anblick hatte ich zuvor nur beim zufälligen Mustern gebläuter Adern an älteren Hausfrauenbeinen, meist vor der Käsetheke des örtlichen Supermarktes, gehabt; jetzt saß ich mit den Frauen in einem Boot – sie hatten das Problem an den Beinen, ich am Sack. Da es zwischen uns allerdings bisher zu keinerlei Gemeinsamkeiten gekommen war, ersparte ich mir die Kommunikation, und jeder ging seines Weges: Die betroffenen Damen ließen sich ab und zu die Adern ziehen, und ich kraulte hin und wieder mein Geschmeide.

Nicht immer, aber immer öfter trank ich zwischenzeitlich Bier. Abends ging ich mit Kumpels in den sogenannten »Queens Pub«, eine vermoderte, britisch aussehende Räucherbude, die äußerlich wie innerlich als Dorfschandfleck belächelt wurde, obwohl das Stadtbild meines Heimatortes alles andere als schön war. In dieser Zeit wurde im Rheinland das bayerische Weizenbier populär; es kam nicht selten vor, dass ich trotz der anstehenden Schule am darauffolgenden Tag am Abend zuvor mehrere Hefeweizen soff, was unweigerlich zu bestialisch riechendem morgendlichem Bierschiss führte. Hatte ich abends die Jungleber im Bierschaum ertränkt, stand ich im Frühtau zu Berge mit matschigem Durchfall auf, der explosiv und nach allen Seiten spritzend in der Kloschüssel landete. Oft musste ich, nachdem ich abgezogen hatte, die Brillenränder mit Mutters Toilettenbürste schrubben, weil sich mein postalkoholischer Hefestuhl unter dem Rand verteilt hatte. »Lass die Sauferei sein«, brüllte meine Mutter aus der Küche, doch egal, wie laut sie mich ermahnte: Nach Jahren der Abstinenz hatte ich die Schnauze von der geschniegelten Biedermann-Diaspora voll. Ich soff, kiffte und hurte rum – so hatte ich mir ohnehin das Leben als Rockstar vorgestellt. An Wochenenden konnte es durchaus vorkommen, sonntagmorgens betrunken in die aufgeschlossene Haustür zu fallen, während meine Eltern Geleebrot kauend in der Küche bei kirchlichem Glockengeläut frühstückten. Die bereits erahnte Frage »Wo kommst du denn her?«, beantwortete ich in solchen Situationen mit einem entschlossenen, lallenden »Gute

Nacht, ich geh ins Bett«; auch mein abendlicher verkaterter Gang in die Küche konnte meine Mutter nicht mehr befriedigen. Dann griff ich unweigerlich zu kopfschmerzdämpfenden Tabletten und aß fetten, salzhaltigen Hering, um die Symptome zu lindern. Das ging eine Weile gut, bis mir eines Tages richtig schlecht wurde, als ich mich im Badezimmer überprüfte: Ich hatte bei der Spiegelkontrolle in den Achseln verdickte Lymphknoten ertastet, das Gleiche am Hals. Ich konnte, besonders am Hals, die kleinen, harten Kügelchen wie Flipperbälle hin- und herschieben. Sofort fühlte ich mich miserabel und bekam beim Mittagessen keinen Bissen von Mamas verkochtem Wirsing, den ich ansonsten trotz fehlenden Geschmacks immer runtergewürgt hatte, zerkaut. Die Angst vor dem körperlichen Zerfall war unverhofft wieder aufgetaucht. Ich mutmaßte eine Kette an bösen Lymphgeschwülsten in der Achsel- und Halsregion, und während ich dieser Brut aus Haupt- und Tochtertumoren entgegensah, erfasste mich eine heiße Wallung, die sich besorgnisdurchweicht über dem gesamten Körper verteilte. Da stand ich nun im elterlichen Wohnzimmer mit der schändlichen, dunklen Schrankwand aus dem Möbelhaus des Herrn Mickel und schrie die unausweichliche Diagnose tränenüberflutet in den trotz des Winters kalten, unbeheizten Raum, da sich meine Mutter erfahrungsgemäß nur in der Küche aufhielt. Lymphdrüsenkrebs –

alles lief darauf hinaus. Ich betrachtete mich vorsichtshalber noch einmal im Flurspiegel, sah einen jungen Softie mit einer Achtziger-Karottenjeans und weißen Turnschuhen mit Klettverschluss, weil Mama in früheren Jahren versäumt hatte, mir beizubringen, wie man die Schuhe ordentlich schnürt. Das erschütternde Resultat: Ich fühlte mich wie ein geleckter Schmalztopf aus einem antiquarischen Versandhauskatalog und trug zur Krönung des unpassenden Outfits grüngelbe Blousons, die selbst damals nicht mehr schick waren. In dieser Tracht dachte ich an ein ausgebreitetes Lymphdrüsenkarzinom, spielte mit dem geschwollenen Knötchen am Hals, griff zielgerichtet durch die Achselhöhlenbehaarung, die im Kontrast zu den Sackhaaren immerhin vollständig war, an die Drüsen und schrieb eine nicht vorhandene Zukunft in Gesundheit und Frieden gänzlich ab.

Flott packte ich meinen orangefarbenen Sturzhelm, holte die Vespa aus der Garage und zündete den knatternden Zweitakter vor den Augen meiner fassungslosen Eltern. So raste ich davon, nur um mich von den Höllenqualen vermeintlicher Metastasen zu befreien, verschwand im Smogdunst der örtlichen Chemiefabrik und fuhr ein letztes Mal ins nahe Linz, um am Buttermarkt, einem kleinen Platz in der Stadtmitte, meinen belächelten Roller zu parken. Was würde ich jetzt tun? Hatte ich vor, meinem ohnehin zu Ende gehenden Leben ein vorzeitiges Ende zu setzen? Nein, ich beschloss an jenem Tag, mich dem sogenannten Morbus Hodgkin, den ich in vergangenen Jahren bereits zu haben glaubte, zu stellen. Als armseliges Würstchen hätte ich ohnedies niemals den Mut besessen, mich von einer hohen Autobahnbrücke zu stürzen, um als zerfetzter Fleischsalat auf dem Straßenbelag zu landen. Auch hätte ich es nicht gewagt, mir selbst gestrickte Seilschlingen um den Hals zu legen oder mir eine geladene Pistole an die Schläfe zu halten, um nach dem Runterzählen von Drei nach Null mein Gehirn an die weiße Raufasertapete zu pusten. Ich hätte es nicht übers Herz gebracht, mir meine Pulsadern mit Mamas altem Küchenmesser aufzuschlitzen oder mir ohne ärztliche Verordnung einen Tablettencocktail zu mischen und zu trinken, bis das Licht und die Atmung immer schwächer werden. Ich konnte mich nicht bekleidet nach König-Ludwig-Art in einem See oder einem Fluss langsam ertränken. Zu feige wäre ich dazu gewesen, mich in die Garage meines Papas einzuschließen, um duftendes Kohlenmonoxid aus seinem weißen Neuwagen, einem weiteren klassischen Autofehlkauf, zu inhalieren, oder meine Finger in den 380-Volt-Stromverteiler hinter dem Elektroherd meiner Mutter zu stecken, um nach einem heftigen Stromschlag kurz zu erglühen und dann zu verwesen. Ich traute mich nicht, mich wie einst RAF-Terrorist Holger Meins, zu Tode zu hungern, um als Haut-

und Knochenskelett in der Gerichtsmedizin zu liegen, mich mit Benzin zu übergießen oder mich wie ein verborgen organisiertes Suizidkommando im öffentlichen Nahverkehrsbus in die Luft zu sprengen, um nachher in Einzelteilen von Straßenfegern in Polizeiuniform aufgesammelt zu werden. Das alles hatte ich nicht im Sinn, als ich den Lymphdrüsenkrebs auf mir rumkrabbeln sah. Ich dachte lediglich an die Konfrontation mit der fürchterlichen Krankheit. »Ja«, erfasste mich ein Geistesblitz, nachdem ich in Linz den auffälligen Motorradhelm von der Schwitzrübe gezogen hatte, »so könnte es enden, wenn nicht ein erfahrener Mediziner die furchtbare Prophezeiung eindeutig widerlegt.« Ich hatte keine Ahnung, ob ich auf der Fußgängerzone des romantischen Fachwerkstädtchens von Passanten belauert wurde, als ich in die Richtung der Rathauseisdiele ging, in der es Jahre zuvor einmalig einen Salmonellenfall gegeben hatte und die seitdem in der Hitliste der täglichen Stadtgespräche stand, aber es schien auffällig genug zu sein, wenn sich ein helmtragender Waschlappen nach zwei Schritten unter die Arme griff, um etwaige Veränderungen der Knotenschwellung unmittelbar zu registrieren. »Eindeutig Lymphdrüsenkrebs«, wiederholte ich still beim Spaziergang zum Skandalitaliener. Wenn ich mich in diesem Zustand mit bakteriell verseuchtem Spaghettieis infizierte, war es ohnehin egal – der Tod starrte mir bereits ins Gesicht. Ein paar Jahre später hätte ich sicherlich eine HIV-Infektion hinter den dicken Lymphknoten vermutet, aber damals lebte Rock Hudson noch, und AIDS war, bis auf den Tod des deutschen Popstars Klaus Nomi, überhaupt kein Thema. Demzufolge blieb ich bei der ursprünglichen Diagnose, auch als ich als einziger Gast im boykottierten Eissalon gefrorene Vanille verschlang. Nachdem ich den stadtgebannten Dielenbetreibern Trinkgeld in die Hände gedrückt hatte, an denen frische Stracciatellaschokolade geklebt hatte, wagte ich mit der aufblühenden Courage des furchtfreien Drachenkämpfers Siegfried einen weiteren schweren Gang zu meinem Hausarzt: Ich fuhr nicht, wie ursprünglich geplant, nach Hause, sondern parkte mit dem roten Motorroller, dem ich bereits die schlecht heilende Prostataentzündung zu verdanken hatte, vor der rot verklinkerten Praxis des guten Dr. Tattey. »Ich bin krank«, begründete ich meine Anwesenheit gegenüber der Arzthelferin, »kann ich zum Arzt?«, eine rhetorische Frage, auf die sie niemals hätte negierend antworten können, weil ich die junge Dame ansonsten verklagt hätte. Wenigstens ein wenig Licht konnte ich am Horizont sehen, denn ich musste mich nicht ins leere Wartezimmer setzen, sondern wurde sofort unter Helferinnenschutz in das Reich des Allgewaltigen geleitet. Offenkundig hatte mein Retter den Ernst der Lage erkannt. »Was gibt's denn diesmal?«, fragte er, wohl wissend, dass ich zu seinen treuesten Klienten zählte, mit denen er im Quartal mehrfach seine Brötchen verdienen konnte. »Ich habe«, log ich ihn an, »zufällig geschwollene Lymphknoten entdeckt.« Die Lüge steckte natürlich im angegebenen Zufall, weil meine täglichen Körperstudien diesen ausschlossen. Tattey fühlte meinen Hals und dann die Lymphbahnen in den Achseln ab, sein Urteil war vernichtend und erzeugte in mir einen gewaltigen Schock: »Ja, sie sind geschwollen«, bewertete er mit nüchternem Tonfall die kleinen Beulen unter der Haut, die das Lebensende bereits andeuteten. Noch nie schien ich dem Herrgott so nahe zu sein wie an jenem Tag. Fassungslos und starr setzte ich die Frage aufs Spiel, was man dagegen tun könne, riskierte ich doch damit die niederschmetternde Rückäußerung, ich müsste ab sofort ganz tapfer sein, und man würde selbstverständlich alles unternehmen, um meine begrenzte Lebensqualität so lange wie irgendwie möglich aufrechtzuerhalten. Es folgte ein sachliches »Abwarten«. Ich überlegte kurz und legte nach: »Was heißt das?« »So wie ich's gesagt habe: abwarten. Vielleicht ist es ja eine Infektion.« »Was heißt ›vielleicht‹?« »Das kann alles Mögliche sein.« »Und was?« »Das werden wir sehen, wenn es zum Beispiel keine Virusinfektion sein sollte.« »Dann ist es was?« »Dann müssen wir erst einmal weitere Untersuchungen vornehmen.« »Und welche?« »Blutuntersuchungen und so weiter!« »Warum?« »Jetzt geh erst einmal nach Hause, und wir schauen dann weiter«, lautete seine finale, entnervte Bemerkung. Unbefriedigt fuhr ich mit dem Krebs nach Hause, doch er bildete sich zurück. Hatte Dr. Tattey recht, oder war es ein Wunder?

Akute Gelbsucht

Ich galt mal wieder als geheilt und erwog, das vollbrachte Wunder mit einer Pilgerreise nach Lourdes zu verknüpfen, doch dazu hatte ich überhaupt keine Zeit. Erstens befand ich mich in der Oberstufe des Gymnasiums und musste mich allmählich auf die anstehenden Abiturprüfungen mit den Themen rund um Shakespeare, genetischen Code und Stalinismus gründlich präparieren, zweitens hätte ich dazu überhaupt keine Energie aufbringen können, weil ich abends regelmäßig im Queens Pub saufen ging und anschließend voll alkoholisiert ins knarrende Jugendbett fiel, drittens war ich neben meiner erfolglosen Rockband auch noch als Schlagzeuger in eine Tanzkapelle mit dem eindeutigen Namen »Tanzcafé« eingetreten, um die permanente Sauferei finanzieren zu können, und viertens wurde mir bewusst, dass ich mit Lourdes im Jahre 1985 so viel gemeinsam hatte wie meine Mutter mit Alice Cooper. Also ließ ich die gute Absicht bleiben und probte stattdessen sonntags in einem muffigen Kellerraum der katholischen

Pfarrgemeinde mit der Tanzband grässliche Schmachtfetzen ein, bei denen zu jener Zeit Kegelclubmitglieder auf Vereinsreisen zum frühzeitigen Orgasmus kamen. Die Palette der einstudierten Edelschnulzen reichte von »Adios Amor« des damals noch blutjungen Andy Borg über Roger Whittakers »Albany« bis zu den oft bestellten Klassikern des allseits beliebten Roland Kaiser, nicht zu vergessen Howard Carpendale, der von seinen Anhängern auch in den Achtzigern liebevoll »Howie« genannt wurde. Zugegebenermaßen hatte dies mit Rockkult, Groupies, wilden Sauf- und Bumsnächten in First-Class-Hotels, Zimmerverbrennungen und Inventarzerstörungen wenig gemeinsam. Auch von Blitzlichtgewittern, kreischenden Teenies, täglichen Interviews mit der internationalen Presse, schwarzen Limousinen inklusive Chauffeuren, die mir jeden Reisewunsch von den Starlippen ablesen konnten, Massenaufläufen vor Schallplattenläden am Tag der Albumpremiere, tonnenweisen Autogrammwünschen, »Bravo«-Starschnitten, vollen Stadien und Winke-winke-Posen auf der Gangway zum Privatjet konnte ich nur träumen.

Die bittere Wirklichkeit um das »Tanzcafé« sah trübseliger aus: Der Kult bestand darin, sich mit Veranstaltern über die Ecke in den Dorfsälen zu streiten, in denen wir unser armseliges Equipment aufbauen konnten. Die Groupies waren vergreist und lobten mit »Weiter so, habt ihr auch was für's Herz, zum Beispiel von den Flippers?«, oder kritisierten mit »Sofort leiser, sonst gibt's kein Geld!«. Statt wilder Sauforgien bekamen wir im Laufe unserer Darbietungen ab und zu ein verschaltes Bier ausgegeben, das so aussah, als wäre es am Tresen aus Pilsresten zusammengemischt worden. Bei der personenschwachen und alten Fangemeinschaft erledigte sich das Thema »Bumsnächte« von selbst, mal abgesehen vom fehlenden Luxushotel in meiner Heimat; damit gab es auch keine Zimmerverbrennungen nach Keith-Richards-Art, auch wenn ich allzu gern mein eigenes Schlafzimmer verbrannt hätte. Die Inventarzerstörungen beschränkten sich im Gegensatz zu den vergangenen Liveschändungen von The Who darauf, dass irgendein versoffener Festgast Bier oder Schnaps über die Orgel unseres Keyboarders kippte, was uns direkt in eine bedrohliche Finanzkrise katapultierte. Blitzlichtgewitter gab es nur wetterbedingt. Das Teeniealter der Anhänger begann erst bei 65, und auf die Journalisten warten wir heute noch.

Als Newcomer auf dem Gebiet des Autoführerscheins schlitterte ich nicht mit einer schwarzen Limousine, sondern mit dem rostenden Familienpassat mit dem undichten, regenwassergefüllten Handschuhfach zu den 100-prozentig spaßfreien Auftritten, exklusive Chauffeure.

Die Massenaufläufe reduzierten sich auf die Fresstische, wenn der Veranstalter den berühmten Satz »Das Büfett ist eröffnet« in die hungrige Menge schrie und wir spät in der Nacht die vergammelnden Schnittchenreste essen durften. Anstatt tonnenweise Autogramme zu signieren, erhielten wir tonnenweise Beschwerden, sobald sich das Programm geringfügig von Roger Whittaker zu emanzipieren versuchte. Starschnitte gab es weder in der »Bravo« noch im örtlichen Mitteilungsblatt, sondern allerhöchstens von hochzeitsfeiernden Veranstaltern, die stolz wie Oskar ihre bei schönem Wetter auf blühender Wiese geschossenen Fotos vom Dorffotografen haben anfertigen lassen – zu diesem Anlass wurden immer jene talentfreien Spiegelreflextrottel gebucht, die die Braut mit Gänseblümchen im Haar sowie glücklich strahlendem Lächelbräutigam ablichten und anschließend dieses in Eile entwickelte Foto in ein überbreites Passepartout quetschen, um es rechtzeitig den Gästen präsentieren zu dürfen. Voll waren ausschließlich die Gäste und Band, die Säle hingegen meist nur halb gefüllt und peinlich mit Stellwänden abgetrennt, um eine gemütliche Atmosphäre zu erzeugen; an Winke-winke-Posen kann ich mich nicht mehr erinnern. Dessen ungeachtet entsinne ich mich an einen unspektakulären Tanzabend im Hotel Hubertushof anno 1985: Ich hatte mein 19. Lebensjahr erreicht. Und wie jedes Jahr an Karneval schmückte ich mich an Fastnachtssamstag mit einer Perücke, einer breiten Hornbrille und einer unzierlichen, alten Krawatte meines Vaters, und genau dieses blöde, nichtssagende Outfit fand ich im Vergleich zur allseits beliebten Pierre-Brice-Gedächtnis-Kostümierung, dem billigen Indianerlook seit Winnetou, höchst progressiv. In dieser primitiven »Ha-ha-wie-lustig«-Basiskonfektion für heiter beschwingte Stimmungsamateure betrat ich bereits nachmittags das altmodische Hotel, um zusammen mit meinen Musikerkollegen rechtzeitig die Instrumentalausrüstung in einer der für uns ausgedachten Kapellenecken aufzubauen. Ich hatte mich vorab ein wenig geschminkt und sogar die Haare mit einem Spray gefärbt, um nicht den ganzen Abend mit dem dämlichen Toupet am Schlagzeug sitzen zu müssen. Das hätte ich nämlich nicht ausgehalten, weil ich während des Spiels in warmen, verrauchten Kneipen wie ein finnischer Saunagänger auf der obersten Sitzbank getrieft hätte. Nach einem kurzen Soundcheck mit Howies »Hello again« saßen wir bereits Freibier kippend an der Theke und warteten auf die Gäste, auf die wir wie immer keine Lust hatten. Abends gegen 19 Uhr trafen die ersten Partylöwen ein, was den Hotelier veranlasste, uns ein Zeichen für den Start in den gut gelaunten Fastnachtsabend zu geben. Also begannen wir mit unserem schauderhaften Repertoire, die Stimmung stieg, die – wie sollte es anders sein – meist älteren Herrschaften schwoften, tranken und schmusten auf der Tanzfläche, während wir mit versteinertem

Kunstlächeln und markverzehrenden »Damenwahl«-Einlagen, bei denen die später alkoholisierten Frauen ihre Tanzpartner selbst wählen konnten, den Abend so amüsant wie möglich gestalten mussten – dafür wurden wir ja schließlich bezahlt. Je später es wurde, desto erhitzter wurde selbst bei den größtenteils impotenten Kostgängern der Körperbereich unterhalb der Gürtellinie: Verheiratete Männer fummelten, wie an Karnevalstagen üblich, engtanzend mit den besoffenen Nachbarinnen, stimulierten fremdgehende Dorfschönheiten zwischen den Beinen und steckten ihre belegten Zungen tief in die heiseren Kropfkehlen der nachmittags vielleicht noch flüchtig bekannten Weiblichkeit. Damit die frisch gebildeten Paare nicht schon vor Mitternacht unter den Tischen heimlich fickten, lockerten wir das Programm mit karnevalistischer Stimmungsmusik aus den Hochburgen Köln und Mainz auf; dann entstand in dem geräucherten, stickigen Saal ein Moment unbedachter Versöhnung zwischen Betrügern, Betrogenen, Dauergeilen und bis ins Knochenmark frustrierten Singles, die selbst an Tagen wie diesen kein Schiffchen versenken durften – alle reihten sich vergnügt für ein paar Minuten in eine Polonaisekette, und selbst Erwin fasste der Heidi dann von hinten an die Schulter, bis wir nachts um drei Uhr endlich den Strom abschalten durften. Die Hartgesottenen hatten sich mittlerweile in eine neben dem Saal installierte Sektbar zurückgezogen, damit sie dort bei dumpfem, weichem Liedgut und schummeriger Beleuchtung die schön getrunkenen Tanzpartner an den Geschlechtsteilen fortführend manipulieren durften, in der Hoffnung, bis spätestens zum Morgengrauen die heimlich gekauften Kondome mit dem Stempel »gefühlsecht« benutzt zu haben. Als wir noch ein letztes Bier hastig in uns hineinwürgten, konnte ich vereinzelt klassische Samstagnacht-Konversationen vernehmen: auf die Frage »Gehen wir zu mir oder zu dir?« beispielsweise erfolgte meist die basisdemokratische Antwort »Wohin du willst, Hauptsache, wir sind ungestört«. Das Promillekompliment »Ich fand dich schon immer nett!« wurde sowohl innerhalb als auch außerhalb der Regel mit »Danke, ich dich auch!« erwidert. Doch was auch immer um uns herum oberhalb und unterhalb der Bauchnabel geschah – wir bekamen, noch immer das laute Stimmungsgetöse nach der bedrückenden, niemals endenden Vortragsreihe im Schädel, von all dem nur noch Bruchstücke mit. Ausgelaugt und durch zahlreiche Getränkerunden bis zu den Zehennägeln sturztrunken, fuhren wir, diesmal im Taxi, nach Hause; ich polterte die Holztreppe bis zum Schlafzimmer hinauf und konnte froh sein, dass ich vorsichtshalber den rosafarbenen Putzeimer meiner Mutter neben das Bett gestellt hatte, denn als ich am nächsten Morgen aufwachte, schimmerte in ihm angetrocknete

Kotze. Ich weiß noch, dass mir total schlecht war, als ich aufwachte. An mir herabschauend, registrierte ich meine Kleidung vom Vorabend. Ich hatte mich demnach zweifelsohne, ohne mich der rauchig stinkenden, bierschaumbefleckten Kleidung zu entledigen, in das enge Bett fallen lassen, nachdem ich mich vorher, was ich dem griffbereiten Gefäß voll breiigem Mageninhalt entnehmen konnte, unsanft übergeben haben musste, denn das Erbrochene befand sich nicht nur im Kübel, sondern auch an dessen Henkel. Ein unbeschreiblich kläglicher Geschmack hatte sich in meiner Mundhöhle bis in den Rachen breitgemacht – eine unverkäufliche Komposition aus wiedergekäuter, alkoholischer Gärung, schroffem Filterzigarettenkondensat und saftig delikaten Kotzklumpen, die in den Zahnzwischenräumen übernachtet hatten. Ich versuchte vergeblich, sie mit der Zungenspitze sanft zu lösen, doch es schien mir nicht zu gelingen. Ich schielte mit kräftigen Kopfschmerzen auf den bereitgestellten Behälter, erblickte ein kunterbuntes Gebräu aus teils flüssiger, grünlicher Galle mit gelben Pilsfarbtupfern und teils erhärtetem Speiseschlamm, aus dem ich den vorabendlichen Verzehr eines Häppchens Nudelsalat entnehmen konnte. Dieser Anblick machte mir wenig Appetit und führte zu einer erneuten, unweigerlichen Krampfung des gesamten Magenbereiches, wodurch selbst die bereits total von der Säure zersetzte Kost, die sich gemütlich zum Durchmarsch vor den Magenpförtner positioniert hatte, zu meiner großen Überraschung durch Speiseröhre und Mund in meine Hände geballert wurde. Zum Glück hatte ich mit guten Reflexen meine Handflächen vor den Mund so dicht gepresst, dass lediglich ein paar Spritzer des frisch Erbrochenen auf Mutters grünem Bettbezug landeten. Der Rest schwamm mit Körpertemperatur in meinen Backentaschen so lange rum, bis ich den Kopf zu meiner Erlösung mit voller Wucht in den Eimer warf, damit ich die restliche Schlacke in den unattraktiven Stinkbottich mit der schon fest gewordenen, üppig klebrigen Trockenkotze speien konnte. Ich hatte mich noch nie so elend gefühlt wie in diesem tragischen Moment. Ich fühlte mich viel zu schlapp, um aufzustehen, mich zu waschen und die Hausapotheke nach einem noch nicht abgelaufenen Schmerzdämpfer zu durchforsten. Logischerweise überwand ich in dieser Situation meinen inneren Schweinehund keineswegs, blieb als verwahrloster Jammerlappen im eigenen Muff liegen und wartete vergeblich auf eine Besserung des Zustandes, den ich erst in weiter Ferne erahnte. Langsam schloss ich, wie von meinen produzierten Körperdämpfen betäubt, die Augen, träumte von Ruhm und Reichtum, als sich der angegriffene Magen schwerfällig beruhigte. Ich glitt in ein wohliges Gefühl aus Schweigen und angenehmer Schwere – da riss mit grandioser, ohrenbetäubender Naturgewalt meine älteste Schwester die Schlafzimmertür unangekündigt auf, sodass ich in jenem verwirrten Augenblick gut überlegen musste, ob ich zu Hause war oder nackt in der berühmten Umkleidekabine des Modehauses Kühne stand. Wie zur Salzsäule erstarrt, atmete sie einmal tief meine verbrauchte Atemluft ein und analysierte rasch, dass man von Luft im eigentlichen Sinne nicht mehr sprechen konnte. Wie ein Blitz verließ sie hustend und mit einer gehörigen Portion Ekel übergossen das Zimmer. »Ist das einmal widerlich«, hörte ich sie nebenan auf dem Flur schreien, »mach sofort das Fenster im Schlafzimmer auf, ich muss mich ansonsten übergeben.« Sie schien es ernst zu meinen, aber ich war einfach viel zu schwach, um irgendein Glied, schon gar nicht erst das zwischen meinen Beinen, zu bewegen. »Ich kann nicht«, röchelte ich ihr mit üblem Geruch entgegen. »Ich habe überhaupt keine Kraft.« Irgendwie mag sie den Sinn meiner gelallten Worte vernommen zu haben, denn sie wagte sich noch einmal tapfer wie Jeanne d'Arc in meine furchterregende Behausung, in der sie dem eigenen Bruder in der Rolle einer schäbigen Schnapsleiche begegnete. Da lag ich nun in dem hässlichen Zimmer mit den armseligen Düften aus dem Mageninneren, dem furzenden Arsch und dem grausamsten Atem, den die Welt jemals gerochen hatte. Meine Schwester blickte in das Gesicht einer liegenden, erbärmlichen Kreatur, die mit einem Zeigefinger auf den Eimer mit der Kotze deutete, vermutlich, um die penetranten Gerüche ohne zusätzliche Kommentare treffend zu erklären. Sie verstand sofort, doch erst nachdem sie die Fenster sperrangelweit aufgerissen und sich an die übel riechenden Zimmergase gewöhnt hatte, blickte sie mit immer größer werdenden Augen und sichtbar schockiert in mein Gesicht. Innerhalb noch nicht einmal einer Sekunde war ich sofort hellwach und nüchtern. Den Grund für ihr deutliches Erschrecken musste ich erfahren. Es hatte irgendwas mit meinem Körper zu tun. »Du bist gelb«, flüsterte mir meine Schwester angsterfüllt zu. Ich spürte, wie sich meine Tränensäcke füllten, denn was ich da hörte, klang nach einer fürchterlichen Stoffwechselerkrankung. »Sag das noch mal, was bin ich?«, entglitt es mir zitternd von den Lippen. »Du bist total gelb im Gesicht.« Mir wurde ein kleiner Spiegel gereicht, der die Aussage bestätigte. Ich war tatsächlich gelb, und noch schlimmer, nicht nur im Gesicht, sondern auch an den Händen. Meine Schwester bestellte mit großem Entsetzen meine Mutter in meine Gemächer. Sie schrie laut: »Oh je, du bist ja gelb!«, als ob ich das vorab noch nicht festgestellt hätte. »Was kann das bedeuten?« Mir war auf der einen Seite unklar, ob die gelbe Hautfarbe etwas mit meiner permanenten Übelkeit zu tun haben könnte, auf der anderen Seite sprachen die Symptome wie die Hautverfärbung und der niemals enden wollende Brechreiz eine eindeutige Sprache. Verbarg sich hinter diesen charakteristischen Merkmalen eine akute Gelbsucht? Alle in meinem Schlafzimmer hatten denselben Gedanken, nur wagte ihn vor den Augen des leidenden Patienten niemand konkret auszusprechen – da brach ich das auferlegte Tabu. »Es könnte Gelbsucht sein!«, schoss es aus mir heraus, und sofort löste sich in dem kleinen Raum mit dem gefüllten Putzeimer die Spannung. »Gelbsucht? Ja, daran habe ich auch schon mal gedacht«, willigte meine Mutter in die gleiche Vermutung ein. »Dein Onkel hatte auch vor langer Zeit einmal Gelbsucht. Überall, wo er sich aufhielt, musste er sich, besonders beim Anblick von Fleisch- und Wurstwaren, übergeben. Und natürlich war seine Haut, so wie deine, gelb gefärbt.« Das war alles andere als beruhigend zu wissen. Durchlitt ich etwa ein ähnliches Schicksal wie mein gelber Verwandter? Gelbsucht war schließlich eine sehr schwere Erkrankung, die sofort behandelt werden musste. Im engsten Familienkreis entschlossen wir uns somit, keine wertvolle Zeit verstreichen zu lassen und unverzüglich einen diensthabenden Notarzt zu bestellen, der mit kommissarischem Spürsinn die düstere Wahrheit hinter der gelben Haut aufklären sollte. Meine Mutter rannte die Treppe hinunter, um die rustikale Telefonkommode, die sich im kalten Flur befand, in Windeseile zu erreichen. Das Einzige, was ich in der Abgeschiedenheit ein Stockwerk höher vernehmen durfte, war das Geräusch von geblätterten Zeitungsseiten, auf denen sie die Rubrik »Ärzte in Bereitschaft« suchte. Es schien nicht so einfach zu sein, in unserem Kuhkaff einen fähigen Arzt zu erreichen. Erstens war es ein Sonntagmittag, und zweitens lagen durch den gleichzeitigen Karneval bestimmt mehrere Allgemeinmediziner mit ähnlicher Übelkeit synchron zu mir im Bett oder behandelten ihre Kater selbst. Verbissen durchwühlte Mama das Blatt am Feuilleton vorbei und wählte, nachdem sie den diensttuenden Heiler ausfindig gemacht hatte, diesen mit unserem alten Wählscheibentelefon an. »Ja, hallo. Herr Doktor, können Sie schnell kommen? Meinem Sohn geht es nicht gut. Danke, bis gleich.« Mutter trampelte asthmatisch die Holztreppe wieder hoch, verkündete die frohe Botschaft, der Arzt werde bald anwesend sein, sodass auch meine Schwester zufrieden wirkte. Und was war mit mir? Anscheinend hatte ich die größte Panik, ich müsste vielleicht in wenigen Minuten mit einem Krankenwagen auf die Quarantänestation eines Krankenhauses transportiert werden. Was war der Auslöser für die plötzliche Krankheit? Viren? Gallensteine? Leberzirrhose? Obwohl ich die dritte Ursache schon allein wegen meines ungehemmten Bierkonsums als möglich einstufte, konnte ich den viralen Ursprung nicht ausschließen. Fest stand lediglich: Es handelte sich um Gelbsucht! Meine Mutter eilte rasch nebenan ins

Badezimmer und feuchtete einen ihrer alten bunten Waschlappen an, der mir kühl auf die Stirn gelegt wurde. Als sie dabei zufällig mit dem wassergetränkten Stoff auch über mein Schmuddelgesicht rieb, stockte jäh ihr Atem – der Lappen hatte sich gelb verfärbt, mein Gesicht hingegen wieder rosig. Im Zimmer wurde es schlagartig still. Den Protagonisten dämmerte es allmählich: Es gab keine abwaschbare Gelbsucht. »Die Farbe«, analysierte meine Mutter streng wissenschaftlich, »stammt vom Haarspray.« Stimmt, ich hatte ja völlig vergessen, dass ich am Abend meine Haare mit Farbe eingesprüht hatte. Niemand hatte mir gesagt, dass ich bis in die frühen Morgenstunden die penetrante Kolorierung durch den Schweiß bedingt im gesamten Gesicht und an den Händen verteilt hatte. Was blieb, war Mutters Bemerkung »Wasch dich, du Schwein« und die Stornierung des Arztbesuches.

Operation Hauttumor

Es kam, wie es kommen musste: Nach meinem Abitur stand ich auf der Straße. Hätte es damals bereits Hartz IV gegeben, wäre ich der erste Anwärter auf die Stütze gewesen. Ich wusste einfach nicht, was ich aus meinem Leben machen sollte. Ein Großteil meiner gesunden Schulkameraden ging pflichtgemäß zur Bundeswehr, und ich stand mittags auf, um in Mutters Kochtöpfen nachzuschauen, was es zu essen gab. Warum sollte ich mir aber schwere Vorwürfe machen? Ich hatte, so dachte ich zu jener Zeit, das große Los der Freiheit gezogen: Bei der vergangenen Musterung war ich aufgrund meiner akuten Neurodermitis ausgemustert worden. Nachdem ich nackt vor dem prüfenden Stabsarzt gehustet hatte, erschallte ein kräftiges »Sie können sich wieder anziehen!«, durch das Kreiswehrersatzamt. Anstelle der üblichen Beglückwünschung des zukünftigen Schützen gab es in meinem Falle ein für treue Soldaten desillusionierendes »Leider sind Sie untauglich«. Doch fühlte ich mich alles andere als vor den Kopf gestoßen: Ich konnte machen, was ich wollte, während meine Kollegen mit Maschinengewehren spielten oder ihre Hemden im Kleiderspind ordentlich zusammenfalteten. Was ich im scharfen Kontrast zu ihnen unterdessen tat, ist aus heutiger Sicht mit dem Wörtchen »unproduktiv« korrekt beschrieben: nichts, nothing, rien! Mutter hatte extreme Schwierigkeiten, mich am werktäglichen Mittag aus der Kiste zu schmeißen: Ihre ewigen Drohungen, ich würde des Hauses verwiesen, nutzten ohnehin wenig. Ich blieb einfach liegen, auch wenn sie staubsaugend mit dem Lärmpegel eines Sechzigerjahre-Staubsaugers durch mein Zimmer fuhr oder mit dem Staubtuch die Bücherregale fegte. Sturer als ein angeketteter Castordemonstrant auf den Schienen kurz vor Gorleben verharrte ich in meiner herangereiften Gammelposition, und selbst als meine Kollegen ihr mehrmonatiges Soldatenleben beendet hatten, um sich dem intensiven Studium der Volks- oder wahlweise Betriebswirtschaft zu widmen, stand ich sorgenfrei mit dem Bademantel bekleidet im Wohnzimmer und beschwerte mich bei meinem Vater, weil er noch immer kein Kabelfernsehen bestellt hatte. Was hätte ich in dieser Situation tun können? Die Tanzband existierte nicht mehr, die Zeiten der Rockband »Bootlickers« waren bereits mit einer dicklichen Staubschicht überlagert, und auch wenn ich ab und zu in ein paar Hamburger Clubs mit viel älteren Musikern, die genauso wie ich weiterhin von der großen

Karriere träumten, vor wenig Publikum »Satisfaction« coverte, war es finanziell das Gegenteil von »satisfied«. Irgendwas musste mir einfallen, damit ich aus der bestehenden Wirtschaftskrise entkam, und so entschloss ich mich schnell, erst mal alle Sorgen kraft der Inhalation täglicher Haschischpräparate beiseitezuschieben und hier und da als Zugabe Freundinnen, die eigentlich keine waren, an meinem kleinen Johannes spielen zu lassen. Wie ich mich dabei fühlte, trug die Abänderung des Werbeslogans eines deutschen Melissengeistherstellers dabei vorbildlich zur Schau: »Nie war ich so wertlos wie heute!«

Meine Schulfreunde erzählten mir protzend, was sie bei Seminaren und Vorlesungen schon alles gelernt hatten, ich hingegen berichtete von der Wirkung eines fetten Cannabiskuchens, in den die kiffende Hobbykonditorin vorab mindestens zwei Gramm reingebröselt hatte. Den vorläufigen Höhepunkt meines durchdachten Lebens bildete in diesem Kontext ein Kneipenbesuch mit dem derzeitigen Stadtbürgermeister meines Heimatortes. Abends um 18 Uhr begann die Sauftournee und endete erst am darauffolgenden Tag um elf Uhr vormittags, als der ermüdende Kneipenwirt die verschlossenen Rollladen anhob, damit wir auf die belebte Hauptstraße geschmissen wurden – selbstverständlich mit mehr als drei Promille im Blut, zwei Schachteln Nikotin in der Lunge und unfähig, sich deutlich zu artikulieren geschweige denn schwankungslos nach Hause zu gehen. Die Hausfrauen auf der Straße jedenfalls drehten sich nach uns um, nicht weil wir die höchste Qualitätsstufe an körperlicher Attraktivität, sondern offensichtlich die Talsohle der Verwahrlosungsebene erreicht hatten. Lallend schlug mein Saufkompagnon in diesem Zustand vor, bei ihm einen sogenannten »Absacker« zu verköstigen – ein Angebot, das ich keinesfalls ausschlagen konnte, wodurch sich meine Rückkehr in die elterliche Wohnstube um ein paar Stunden verzögerte. Da ich schon seit ein paar Jahren volljährig war und meine Eltern abends ehedem wussten, wann ich am kommenden Tag wieder aufzutauchen gedachte, ersparten sie sich die Vermisstenanzeige bei der örtlichen Polizei. An jenem Tag besiegelte ich nach erfolgreicher, mehrstündiger Ausnüchterung in meinem Heiabettchen einen gründlichen Relaunch meiner bisherigen Berufsförderung: Mit meinem neuen Musikerfreund Gerd erarbeitete ich ein widerliches Konzept, um die schnelle Mark zu verdienen, doch ich hatte den berechtigten Eindruck, für meine vergangenen Sünden zu büßen. An meinem Hals befand sich ein vormals kleiner, unauffälliger Leberfleck, an dem ich eines Tages beim Abtasten einen Wulst, der ins Halsinnere zu ragen schien, bemerkte. Von zahlreichen Flashbacks paralysiert, machte ich mir anfänglich keine Sorgen, sondern schrieb mit dem Kumpel die Zeilen zu einem ekelhaften Karnevalsschlager mit dem tiefgründigen Titel »Hulla, Hulla, Afrika, wir tanzen in der Bambusbar«. In jener Zeit, als der unintellektuelle Song mehreren Musikverlagen zwecks Veröffentlichung mit einer in Deutschland famosen Stimmungspersönlichkeit erfolglos angeboten wurde, verzeichnete ich an besagtem Knoten unterhalb des Leberflecks ein rapides Zellwachstum, das aus meiner Sicht in eine unkontrollierbare Wucherung mündete. Immer häufiger nötigte ich nun meine Freunde, das kugelige Halsgeschöpf zwischen Daumen und Zeigefinger fachmännisch zu beurteilen. Unbestreitbar hatte ich mit dem ungeliebten Anhängsel mal wieder die schwere Last einer unheilbaren Geschwulst zu tragen, die aller Voraussicht nach bereits Metastasen im gesamten Körper gestreut hatte. Voller Trübsal von der Menschheitsknute Krebs als gezüchtigtes Opfer auserkoren, erlebte ich bei vollem Bewusstsein die Bürde qualvollen Siechtums. Ich fühlte mich so miserabel, dass ich wochenlang keinen mehr hochbekam. Unfruchtbar sollte ich, so mein vorbestimmtes Schicksal, organische Höllenschmerzen bis zur letzten Lebenszuckung durchstehen. Was einst mit einer unscheinbaren Melaninansammlung auf der obersten Hautschicht begann, musste ohne jegliche Zweifel in Auszehrung und kompletter Zersetzung aller lebenserhaltenden Körperfunktionen enden. Schon sah ich mich, wie schon so oft, auf dem Sterbebett in einem drittklassigen Provinzhospital liegen.

Dr. Tattey ertastete den Knoten routiniert. »Den lassen wir rausschneiden, um zu sehen, was es ist«, erläuterte er, hinter seinem Schreibtisch sitzend, als er gerade die Überweisung zu einem Chirurgen schrieb. Ich war total geplättet – mein begründeter Verdacht wurde grausame Wirklichkeit. Tattey schien das Allerschlimmste zu ahnen, seine fehlenden Äußerungen zu meinen gründlichen Fragen nach seinem Therapievorschlag trieben mich an den Rand des Wahnsinns. »Mehr kann ich dazu momentan nicht sagen«, verunsicherte er mich nachhaltig, woraufhin ich seine Praxis auf vermutlich Nimmerwiedersehen verließ, nicht um danach frohen Mutes das Elternhaus zu betreten, sondern um eiligst den Chirurgen Dr. Angling aufzusuchen. Dieser war für seine offenkundige Homosexualität bekannt, und kaum hatte ich sein Sprechzimmer betreten, befühlte er mit sanft streichelnden Strichen, die den Beginn einer homoerotischen Massage andeuteten, die Wölbung am Hals. »Einen schönen Hauttumor hat der junge Mann da«, sagte er überfreundlich zu seiner Arzthelferin und zeigte auf den Knoten. Dann hielt er mehr oder weniger väterlich meine schweißgebadete Hand und unterrichtete mich über seine Skalpellkünste: »Sie werden gleich rund um die Wucherung betäubt, und dann schneide ich sie raus.« »Und dann?«, wollte ich wissen. »Nun, wir schicken es ein. Das Ergebnis erfahren Sie in einer Woche.« Unfassbar, was mir der schwule Organfrisör damit anvertraut hatte: Der Befund musste auf eine mögliche Bösartigkeit abgeklopft werden, derweil ich sieben Tage lang in der nebligen Masse des Ungewissen ausharren sollte. Wie, versuchte ich in mir selbst auszuhorchen, könnte ein Mensch diese lange Zeit in grauenvoller Unkenntnis überstehen? Doch bevor ich diese Frage beantworten konnte, hatte der durch meinen Besuch erwärmte Meister seine sauscharfen Messerchen längst neben der Patientenliege, auf der ich mich vor meinem erwarteten Tode durch Herzschlag hochzitterte, sorgsam positioniert. Seine Helferin hatte ihm schon eine große, mit allerlei Betäubungsmitteln aufgezogene Spritze überreicht, auf der eine stattliche Nadel thronte, die beim Einbohren ins dünnere Halsfleisch einen nachhaltigen, örtlich brennenden Wundschmerz versprach. Und in der Tat: Das selbst prophezeite Versprechen wurde eingehalten. Der Arzt setzte auf den Punkt genau die Spritze in die Mitte des Leberfleckes, stach mit brachialem Druck den spitzen Metallspieß durch die zerreißende Haut tief in die gedeihenden Zellstockwerke hinein, sodass ich eine unbeschreiblich spitze sowie durchdringende Pein in meinem jodelnden Schmerzzentrum vernahm. Ich hatte, offen gesagt, das Gefühl, mit dem eisengestählten Dorn vom östlichen bis zum westlichen Halsende gnadenlos aufgeschlitzt zu werden. Mit der tief gesteckten Nadel im Hals entlud sich der flüssige Inhalt leicht kühlend, aber trotzdem deutlich unangenehm, in die Geschwulstkugel, die es zu entfernen galt. Ein paar Sekunden später rüttelte der Operateur an dem niedlichen Tumorgewächs. »Spüren Sie noch etwas?« »Ich bin mir nicht sicher.« »Sie können gar nichts mehr spüren. Die Stelle ist rundum betäubt.« In der Hoffnung, der vermeintliche Könner werde wissen, was er tut, gab ich mich ab nun willenlos dem unbarmherzigen, jedoch lebensrettenden Eingriff hin. Ich streckte ihm meinen Hals, so wie eine lusterfüllte Frau ihre Brüste dem Liebhaber präsentiert, entgegen, damit ihm bewusst wurde, dass ich zu jener pedantischen Patientengruppe gehörte, die brav im Wartezimmer die Informationsblätter der Krankenkassen durchlas, auf denen häufig von der Mitarbeit des Kranken berichtet wurde. In diesem Sinne machte ich es dem fleißigen Schneiderlein mit dem grünen Kittel und dem furchterregenden Mundschutz leicht: Mit einem Klick strahlte eine 200.000-Watt-Lichtanlage auf meine erkrankte Gurgel, der Experte setzte das Skalpell am Rand des Auswuchses an und schälte sich, der Häutung einer Zwiebel gleich, in das künstlich verstummte Fleisch hinein. Dr. Angling hatte als Profi, der am Tag mehrere Kilo Geschwulstmasse entnahm, meine grenzenlose Angst erkannt und versuchte vergeblich, die angespannte Lage mit desolaten

Ablenkungstechniken, die er vor Jahrzehnten im Nebenfach Psychologie auswendig gelernt hatte, aufzulockern. »Was machen Sie eigentlich beruflich?«, lautete einer seiner ungeschickten Zerstreuungsversuche, die ich, vor Furcht erblasst, mit Dünnschiss im Enddarm und zappelnd wie ein Darsteller aus der Augsburger Puppenkiste, mit einem uncoolen »Nichts« erwiderte. Ich hatte durchaus die stille Hoffnung, dass er es dabei beließe, doch Fehlanzeige! Schonungslos ratterte der Mann sein einstudiertes Vokabular aus dem »Ist-doch-alles-nicht-so-schlimm«-Aktenordner herunter. »Was wollen Sie denn mal werden?«, folgte sogleich. »Nichts«, entgegnete ich mehr oder weniger barsch, was den Chirurgen in seinem vorgeheuchelten Interesse an meiner Privatsphäre unmittelbar dämpfte. Fein säuberlich durchtrennte er wichtige Gefäße und Zugänge, die das satanische Gewächs mit wichtigen Nährstoffen aus meinem verdauten Speisebrei versorgten, dann hielt er zur Krönung seiner Heldentat die weißlich-schmierige Kugel in seinen Händen. »Schauen Sie mal«, freute er sich sichtlich über den Befund. »Das schicken wir jetzt ein.« Ich hörte, wie der Tumor in eine Metallschüssel mit Blut- und Gewebespritzern saftig hineinplatschte; ich spürte, wie er mit Nadel und Zwirn die aufgeschlitzten Hautlappen zusammenpresste, um die Wunde stichfein zu vernähen. Auch wenn er immer wieder betonte, es täte überhaupt nicht weh, realisierten meine schwachen, dösenden Nerven ein heftiges Ziehen am klaffenden Fleischspalt. Besonders das Verknoten der Fäden erzeugte bei einem Jammerlappen wie mir eine entsetzliche Höllenpein. »Aua«, kreischte ich den Rabendoktor an, der sich spätestens jetzt nie mehr in mich verlieben würde. Und als hätte er während der OP geahnt, dass wir niemals zueinander passten, brach es mit einem herben »Stellen Sie sich nicht so an«, vehement aus ihm heraus. Er drückte zum Finale einen riesigen Wattebausch auf die operierte Stelle – ich wurde unsanft mit der Abschlussbemerkung »zum Ergebnis nächsten Mittwoch erscheinen« in die große, weite Welt entlassen und stand auf der Straße: kein Job, kein Geld, kein Tumor. Eine Woche lang sollte ich mich nach den Strapazen der Behandlung erholen, hatte mir Angling streng verordnet. Das Fleisch war willig, doch der Geist war mehr als nur schwach: Jede Minute kostete ich schluchzend aus, indem ich in Mitleidkonzentrat badete. Dann stellte ich mir brillentragende Laborassistenten vor, die mein eingeschicktes Präparat aus Anglings Frischhaltebox mit einer Pinzette fischten – eine grelle Verhörlampe aus alten Gestapoarchiven auf den sulzigen Inhalt fokussiert, betrachteten staunende Zellforscher meinen ungeliebten Exbesitz. »So was habe ich noch nie gesehen«, würde zaghaft einer der umstehenden Kollegen in die fassungslose Menge plärren, was eine Kettenreaktion voller Bestätigung für den aufrichtigen Histologen zur Folge hätte. »Hat jemand eine Ahnung, wie der behandelnde Arzt dem unheilbaren Stifter dieses widerwärtigen Klumpens die gräuliche Diagnose, die wir alle auf den ersten Blick annehmen, mitteilen kann?«, wäre eine Frage in die verneinende, kopfschüttelnde Runde. Dann gäbe es zahlreiche Telefonate zwischen nationalen Zellinstituten, Befundfotografien für zukünftige Medizinlehrbücher und ein langes Gespräch zwischen Laborleitung und meinem Chirurgen, der sich mit der endgültigen Bemerkung »Dann werde ich mir überlegen, wie ich es ihm sage« auf den Tag der Diagnoseverkündung gründlich vorbereiten könnte. Genau dieses Bild hatte ich im Kopf, als ich mich verzweifelt in das anstehende Wochenende stürzte, nicht etwa um zu feiern, sondern um feiernden Stadttouristen ein paar frohe Tage zu schenken. Ich hatte zwischenzeitlich, um meinen roten Finanzspiegel in die schwarze Zone zu hieven, einen Job als DJ in einer Kneipe angenommen. Hier wurde nicht etwa gescratcht, gemixt und mit einer Kopfhörermuschel am Ohr das Takttempo zweier Songs synchronisiert, hier gab es keine hübschen Häschen vor dem Mischpult des Soundmasters, die den kaugummikauenden Artisten bei seiner Arbeit voller Vorfreude auf eine heiße Nacht vergötterten, hier gab es keine teuren Kokainlinien am Tresen, die von der Szene in die kaputten Nasenlöcher gesogen wurden. – Nein! Hier gab es das ultimative Kontrastprogramm zum scharfen DJ-Leben: Keine einzige Scheibe musste ich abmischen, wahllos griff ich in ein umfangreiches CD-Sortiment mit den Songs, die ich ein paar Jahre zuvor mit »Tanzcafé« in Dreierblöcken mit abschließendem angehauchtem »Dankeschön« schlecht interpretiert hatte; mit viel Glück standen Damen vor mir, die das Attribut »reif« verdienten – die hübschen Häschen hatten gerade ihre erste Rente bezogen und trugen ein fetthaltiges Doppelkinn-Sixpack am schlecht sichtbaren Hals. Die männlichen Gäste sahen übrigens keinesfalls besser aus; sie trugen streng gescheiteltes Resthaar, das sie für den Kneipengang mit Pomade eingeölt hatten, und mussten nachts nach der Schließung der Seniorendisco Penispumpen bedienen können, um die gewillten Frauen in Hinterhöfen andeutungsweise begatten zu können. Drogen waren in dieser Szene unbekannt, dafür jedoch der Gang zum Kondomautomaten, der unauffällig neben dem Männerpissoir stand, und lieber stand ich allein auf, als mich mit der beschriebenen Kundschaft neben Mutters Schlafzimmer zu ekeln. So vergingen die Tage schneller als erwartet, und kaum war das Wochenende vergangen, brach mit einem Hahnenkrähen mein persönlicher D-Day an: Ich musste zu Dr. Angling. Bereits morgens litt ich an nervösem Durchfall, der sich bis zum festgelegten Wiedereintrittstermin spürbar steigerte. Als ich die Praxis betrat, war mir ganz schwindlig. Was würde der Meister mir zu sagen haben? Mehrmals rieb ich mir im Wartezimmer die Hände, ging zur Beunruhigung anderer Patienten im Zimmer auf und ab, bis die Helferin mich aufrief. Unglaublich, aber wahr: Ich stand vor den Augen des Verkünders schlechter Botschaften. »Junger Mann, also: Da war ...« »Da war was?« »Nichts, da war nichts. Der Leberfleck hatte sich entzündet. Das kann passieren. Guten Tag!« Hörte ich richtig, oder hatte sich der Mann geirrt? Erst einmal war ich sichtlich erleichtert, mein Leben wurde ein wenig verlängert.

Diagnose: Zwangsneurose

Irgendwie musste ich dem lieben Gott mal Danke sagen. Ich tat es mit einer ungebändigten Schaffenskraft, die jedoch schnell wieder nachließ. Mutter jedenfalls war sichtlich stolz, als ich ihr verkündete, mich zu Beginn des Wintersemesters 1987 an der Universität zu immatrikulieren. Für sie war das die Wende, der Beginn einer großen Akademikerlaufbahn, für mich eine zweimal jährliche Erscheinungspflicht, weil ich mich nach der Einschreibung an der Hochschule dort nur halbjährlich zur obligatorischen Rückmeldung blicken ließ. Anfänglich hatte ich mich im Oktober noch dazu aufraffen können, mich zu nachtschlafender Zeit morgens um acht Uhr in einen der tristen Hörsäle zu quälen. Da ich in der Regel aber vorabendbedingt mal mehr, mal weniger stoned zur Brutstätte der Wissenschaft gefahren war, hatte ich überhaupt kein Feingefühl für Eigenverantwortlichkeit besessen. So hatte ich mich beispielsweise des Öfteren in die falsche Vorlesung begeben, die mit meinem Musikstudium überhaupt nichts zu tun gehabt hatte – ein Umstand, der mich innerhalb der ersten Semesterwoche spürbar körperlich und mental geschwächt hatte. Meinem inneren Ruf folgend, der auf die heutige Zeit übertragen »Hartz IV und der Tag gehört dir« heißen könnte, blieb ich lieber im warmen Kuschelbett liegen. Sollte doch die Masse der unbekannten Streber, die in der Mittagspause ökologische Intellektuellenbistros mit einer ausschließlich auf nicaraguanische Biohirse spezialisierten Speisekarte stürmten, rasch promovieren und den Professoren in den Arsch kriechen. Ich fühlte mich eher zu vielversprechenden und freudespendenden Bewusstseinserweiterungslehren magisch hingezogen und testete lieber nachmittags hinter verschlossenen Jalousien den ein oder anderen kräftigen Opiumtee, zu dem süße Grasplätzchen serviert wurden. Simultan zu den büffelnden Kommilitonen in den Seminarräumchen genoss ich die frisch gepflückten Blätter thailändischer Pflanzen, atmete zeitgleich zu anstrengenden Klausuren den feinen Duft verbotener Stoffe ein und hörte dazu die Musik von Jimi Hendrix, Iron Butterfly oder den frühen, LSD verseuchten Pink Floyd. Davon ernährte ich mich eine Zeitlang, und das Büfett versprach nur wenig Abwechslung: Vor- und Hauptspeise bestanden täglich aus importierten Coffee-Shop-Spezialitäten, zum Dessert ließ ich meine prall gefüllten Eier kraulen. Selten kam es dabei vor, dass ich in melancholischen Sekunden zarte Ansätze eines Gewissensbisses erlebte, besonders wenn Studierende meines Alters über ihre erhaltenen Klausurscheine frohlockten. Ich versuchte dann scheinheilig zu argumentieren, ich würde nach einer kurzen Auszeit meine Studien wieder aufnehmen – darauf gab ich mein Ehrenwort in der Tradition von Uwe Barschel, aber wenn ich es aussprach, beruhigte es mich schon ein wenig. Denn ich sah gewiss einer unruhigen Zukunft entgegen: Schließlich entsprach mein Studierstil in keiner Weise den strengen Anforderungen der Universitätsleitung, und das Volumen meiner Lunge entsprach in keiner Weise den Anforderungen des Internationalen Olympischen Komitees. Ich röchelte von Tag zu Tag schleimiger, nachdem ich einen tiefen Zug aus der im runden Kreis allen Beteiligten gereichten Kollektivtüte genommen und die sofortige Wirkung mit einem heftigen Kribbeln bis in die Zehenspitzen hinein vernommen hatte. Doch als angehender Asthmatiker, dessen Mutter mehrere Dosieraerosole in der heimischen Schublade sorgfältig aufbewahrte, wusste ich professionelle Abhilfe zu organisieren. Ich entnahm heimlich einen ihrer praktischen und verschreibungspflichtigen Bronchienerweiterer aus ihrer verjährten Nachttischschublade und steckte es in meine Jackentasche, um im Notfall nach dem Verzehr eines meist leicht überdosierten Joints einen Gashub aus dem Pumpspray in die ebenfalls bekifften Lungenbläschen zu donnern. Keine gewissenhafte Entscheidung, wie sich bald herauskristallisieren sollte: Meine tägliche Atemnot nahm größere Ausmaße an, da lag der in der Luft schwebende Verdacht auf ein frühes Lungenkarzinom zum Greifen nahe. Oft stand ich im Badezimmer und hustete bewusst lautstark, um zu sehen, ob sich ein aus der Kehle emporgeschraubter Blutauswurf im weißen Waschbecken zu erkennen gäbe, doch dessen Ausbleiben wertete ich nicht als Fehldiagnose, sondern als Frühstadiengeschwulst, die zuerst unblutig meine Bronchien mit ihren gefräßigen Adern durchlöcherte. Nur einem erfahrenen Lungenspezialisten wollte ich von nun an meine für den Tod viel zu jungen Bronchien anvertrauen, und natürlich war meine erste Anlaufstelle der geschundene Dr. Tattey, der mit seinem kühlen Stethoskop meine unbehaarte Hühnerbrust sowie meinen juckenden Ekzemrücken konzentriert abhorchte. »Du rauchst doch nicht?«, war seine an bodenlose Unverschämtheit grenzende rhetorische Frage, die ich mit einem gelogenen »Ab und zu« erwidern konnte. Und eigentlich hatte ich ja gar nicht so unrecht: Ich rauchte nicht, ich kiffte – manchmal so viel, dass ich im Verbund mit weiteren Rumhängern eines Tages sogar auf die glorreiche Idee kam, in meinem Heimatstädtchen aus purer Provokation nachmittags auf dem Marktplatz eine Dose Hundefutter mit der Gabel zu essen. Dazu hatte ich mir einen Campingtisch besorgt, auf dem eine kleine Besteckgarnitur aus Plastik gelegen hatte. Mein ewiger Musikerweggefährte Gerd spielte am Tag des Geschehens den Oberkellner brillant bis zur Oscarreife: Er hatte vor dem geplanten Verbrauch die große, für Riesenwauwaus hergestellte Dose samt Tagesinhalt geöffnet und auf das Möbelstück gestellt, sodann ich die glibberigen Pansenstückchen, die von wackelndem Aspik umrahmt wurden, gemächlich im Mund schmelzen ließ. Ab und an verbuchte ich im Kauprozess einen dezenten Innereiengeschmack, der sich selbst danach mit mehreren vorgezogenen Feierabendbierchen kaum übertünchen ließ. Jedenfalls war ich mit der Vollendung der seltsamen Aktion sehr zufrieden: Die Dose war geleert, und ich hatte mich trotz mehrmaligen Würgens nicht übergeben. Doch stellte ich mir immer wieder die Frage, ob ich zu weit gegangen war. Im Ort nahm mich ab nun komischerweise niemand mehr ernst, was ich gar nicht begreifen konnte. Zugleich war ja vielleicht dieses Hexengebräu aus für mich artungerechtem Tierfutter und steigendem Cannabiskonsum schuld an meinem akuten Leiden der Atemwege. Tattey hörte auf mein Verlangen nochmals die feinen Verästelungen in den Lungenspitzen erschöpfend ab – einen Tumor, den ich mir in einer dickwanstigen Apfelsinengröße vorgestellt hatte, fand er nicht. »Er hat mich«, erzählte ich nach der Visite, »auch gar nicht geröntgt. Sehr leichtsinnig.« Stattdessen wurde ich von ihm aufgefordert, nicht zu rauchen, was ich auch strikt befolgte, da ich ja ohnehin nur kiffte. Mit einem schlechten Gewissen verließ ich die Praxis des Messias, den ich, auch wenn er einen Kunstfehler begangen hätte, niemals an die Ärztekammer verraten hätte. Und da ich ihm treu war, besuchte ich ihn kurze Zeit darauf schon wieder: Diesmal ging es wirklich ans Eingemachte. Als ich eines Tages wie eh und je als Beschäftigungsloser morgens im Spiegel meine Zunge auf weißen Belag untersucht hatte, war mein zu Schreck erstarrter Blick auf die hintere Zungenzone, in der der Bittergeschmack wohnte, gefallen, auf der ich knotige Hügel, die einer fleischgewordenen Voralpenlandschaft glichen, hatte glitzern sehen. Ich befand mich mit jener schrecklichen Entdeckung in null Komma nichts in einer fürchterlichen Restlebenskrise – mein erster Zungenkrebs hatte sich im Rachen zwischen den viel zu feisten Mandeln eingenistet. In Mutters Krankheitsbuch fand ich zu meiner Untermauerung des Befundes mit mächtiger Betroffenheit analoge Anhaltspunkte, vor allem die Knötchen am Randbereich des unverzichtbaren Sprechmuskels. Das hatte ich so noch nie gesehen. Mutter durfte sie sich in exklusiver Preview, zu der ich sie vorgeladen hatte, sofort anschauen. Sie betrachtete an einem frühen Nachmittag, als ich gerade aufgestanden war, meine Zunge, und ich durfte dafür einen Blick in ihren dritt- und goldzahnbesetzten Rachen werfen, auch wenn ich sie vom Kochen abhielt. »Bei dir sehe ich diese Wölbungen nicht, strecke bitte die Zunge noch weiter raus«, bat ich meine kittelschürzetragende Schöpferin, die sich merklich abmühte, den rotfarbenen Fleischeszipfel so weit wie möglich rauszuquetschen, während sie mit dem Kochlöffel das heiß gewordene Gemüse umrührte. Ich hatte, um auf Nummer sicher zu gehen, eine kleine Taschenlampe hinzugezogen, die ihr Mundinneres zum Strahlen bringen sollte. Was ich darin vorfand, kann nur mit Howard Carters Entdeckung des Grabschatzes von Tutanchamun verglichen werden: In einem monumentalem Lichterstrom erglühten ihre schillernden Zahnstümpfe, ihr grandioses Zäpfchen, hinter dem der blasige Speichelschaum an der Rachenwand feucht schimmerte, und die aalglatte Zunge, auf der sich saftige Spuckepfützen sammelten. Was bei ihr fehlte, waren jene Kuppen, die an meiner Zunge wie Ballast klebten. Bestürzt und fahl im Gesicht rannte ich noch am gleichen Tag zu Dr. Tattey, bei dem ich vorher angerufen hatte, um mich als Notfall ohne lebensbedrohliche Wartezeit einer schleunigen Therapie zu unterziehen, falls man überhaupt noch irgendetwas für mich hätte tun können. Der Arzt stand bereits mit Sorgenfalten auf der Stirn im Türrahmen seines Sprechzimmers, als ich keuchend die Praxis erreichte. Eiligst raste ich an der jungen Arzthelferin vorbei in des Erlösers väterliche Hände, der mich an der Tür wie ein engagierter Landarzt bei Forsthaus Falkenau in Empfang nahm.

»Wo tut es weh?«, ratterte er seine Diagnosesuche gekonnt ab. »Das ist ja das Schlimme, es tut nicht weh.« »Sondern?« »Meine Zunge ist im Hinterteil mit zahlreichen Knoten übersät.« Da half nur eins: »Dann öffne mal schnell deinen Mund und strecke bitte die Zunge so weit wie möglich raus.« Diese Sekunde, reflektierte ich, bildete eine Zäsur in meinem kurzen Leben: Gleich würde der Mann, der in diesem Moment, mit einer schmalen Leuchte und einem Holzstäbchen bewaffnet, die Oberfläche des betroffenen Organs inspizierte, ein vernichtendes Urteil in den schattigen Raum dröhnen. »Krebs in einem weit fortgeschrittenen Stadium«, würde er sagen und währenddessen beschämt auf meine Akte blicken, mich aushorchen, ob ich seit Jahren zu oft stärksten Pfeifen- oder altmodischen Zigarrentabak geraucht hätte, was ich nur hätte verneinen können, dann das Telefon mit der ihm bekannten onkologischen Abteilung der nächsten Uniklinik anwählen, mich von meinen weinenden Eltern abholen lassen und sie ohne meine Anwesenheit über die traurigen Aussichten informieren. Das alles stand mir in der Sekunde der schonungslosen Wahrheit noch bevor, als mein Verkünder auf den wackelnden Muskellappen schaute. Ich bibberte derweil wie ein frierender Reinhold Messner beim Alleingang auf den Nanga Parbat; scheinbar hatte ich ähnliche Todesängste zu durchstehen, und sowohl er als auch ich erlebten die haarsträubende Situation ohne zusätzlichen

Sauerstoff. Auch ich hatte mir vor dem Besuch meinen Alleingang zu Dr. Tattey genauestens überlegt. Was uns verband, war das auf sich alleingestellte Abenteuer; was uns unterschied, war der Zeitrahmen. Ich war in zwei Minuten beim Mediziner nebenan, er brauchte mehrere Monate bis auf den Gipfel. Dennoch musste auch ich mich akklimatisieren, als mein Leibarzt den Mund öffnete und mit der Wahrheit rang: »Du meinst die Knoten hinten an der Zunge?« »Ja«, sagte ich mit leisem Stimmchen, »genau die meine ich.« Er schien mehr zu wissen, weil es aus ihm ungehindert heraussprudelte: »Das sind Geschmacksknospen!« – ein Satz, der mir wie ein in den Schweizer Hochalpen gesungenes Bergecho jegliche Last innerhalb des Bruchteils einer Millisekunde abnahm. »Geschmacksknospen?«, wiederholte ich, als könnte ich kaum glauben, dass sein Befund gar keiner zu sein schien. »Ja, Geschmacksknospen«, entgegnete Tattey sachlich und unbeteiligt, »sonst noch was?« Anscheinend hakte er nach, weil er sich unsicher war, ob ich ihn nicht doch noch nach den weißen Gebilden in der oberen und unteren Reihe der Mundhöhle befragen würde, woraufhin er mit Sicherheit »Das sind Zähne« geantwortet hätte. »Nein«, sagte ich mit glückseligen Augen. Ich war mal wieder mit meinem Leben davongekommen und verließ die Praxis auf einer überschwappenden Welle der Freude. Vorausgesetzt, es handelte sich nicht um eine drastische, unverzeihliche Fehldiagnose, war ich zum ersten Mal seit Jahren einigermaßen sorgenfrei, was mir Sorgen bereitete. »Denn gesundheitliches Glück ist kein immerwährendes«, entsann ich mich an die Worte einer alten Großtante, die mit über achtzig Jahren mit einem Stapel an Krankheiten zurechtkommen musste. Ehrgeizig nahm ich mir deshalb vor, meinen erstarkten Lebenssaft durch Handlungen zu sichern, die als Pate für Erfolg und vor allen Dingen für mein Wohlergehen standen – kurzum: Ich wurde schleichend zum Zwangsneurotiker. Stand ich beispielsweise an der Spitze einer hohen Treppe, sagte mir eine innere Stimme, ich müsse unten mit dem rechten Fuß aufkommen, ansonsten würde ich zwangsweise unheilbar erkranken. Demzufolge zählte ich, egal, wo ich mich befand, jede Treppe auf die einzelnen Stufen ab. Hatte ich mich, was durchaus vorkommen konnte, verzählt und drohte am Treppenende mit dem linken Fuß aufzutreten, was ich während des Auf- oder Abstiegs peinlichst genau kontrollierte, war ich gezwungen, schnell wieder umzukehren, um mit dem vermeintlich richtigen Fuß den Treppengang korrigierend zu wiederholen. Ähnliches galt für Fahrwege: Die innere Stimme befahl mir zu meinem Rundumschutz, nur von ihr vorbestimmte Wege zu befahren, um ein angepeiltes Fahrziel zu erreichen. Dabei kam es auch schon mal vor, dass ich kilometerlange Umwege durch Wälder befuhr, auch auf die Gefahr hin, mich vom

Ortsförster wie Rotwild beschießen zu lassen. Fest steht: Ich zog mein selbstverordnetes Zwangsprogramm gnadenlos durch – was eines Tages unweigerlich zu einem kleinkriminellen Delikt führte. Die innere Stimme befahl mir eines Abends, als ich am Tresen meine unverdienten Abendbiere hinunterschlang, ich möge beim Verlassen des Lokals in einen Briefkasten pinkeln – eine Regieanweisung, die ich nicht für mich allein behalten konnte. Also berichtete ich meinem Saufkumpel Wolfgang von meinem neuen Projekt, das er zu unterstützen versprach. Mit vier Promille Restalkohol im Blut schlenderten wir in florierender Polizeistunde des Nachts wankend durch unseren Heimatort und sichteten mit verschwommenen Augen den großen, gelben Briefkasten der Bundespost. Wie zwei flinke Kobras schlichen wir uns an das Objekt unserer Begierde heran. Wir hatten extra mehrere Stunden lang die Blase nicht geleert, damit wir uns in das Innere des gelben Behälters ergießen konnten. Das war jedoch sehr kompliziert. Der Briefkastenschlitz befand sich nämlich auf Brusthöhe und unsere Penisse bekanntlich ein paar Stockwerke tiefer. Wolfgang überlegte nicht lange, sondern handelte: Er umarmte meinen Bauch, nachdem ich den Hosenschlitz sorgfältig geöffnet hatte und der Schniedelwutz bereits aus der Öffnung baumelte, und hob mich mit Leibeskräften an, bis mein Arsch vor seinem Gesicht stand. »So halten«, flüsterte ich, »das ist genau die richtige Position.« Ich öffnete langsam mit der linken Hand die gelbe Briefkastenklappe und führte mit der anderen Hand mein Glied in den Schlitz. »Mach schon«, sagte Wolfgang atemlos, »ich kann dich nicht mehr lange halten.« Das war das Stichwort – ich konnte meinen Urin auch nicht mehr halten und spritzte die Pisse in das Innere der Kiste. Ein warmer, dampfender Harnstrahl strömte auf allerlei Papier – von Liebesbriefen bis zu Postkarten, von Bewerbungen bis zu Drucksachen. Alles wurde mit meinem beißenden, gelbfarbenen Körpersaft übergossen. Kaum war ich mit dem restlichen Abtröpfeln fertig, ließ mich Wolfgang ungewollt fallen, zum Glück hatte ich vorher schnell den Pimmel aus dem Apparat ziehen können. Ich lag auf dem Boden, knöpfte mir die Hose zu und atmete tief durch, weil Wolfgang an der Reihe war. Während es aus ihm heraussträufelte, konnte ich die nassen Tropfen auf die Briefe kullern hören – mit so viel Alkohol in der Birne empfanden wir nicht die Spur eines Unrechtsbewusstseins. Erst am kommenden Tag fragte ich mich, was der betroffene Briefträger wohl vorfand, als er gut gelaunt den Kasten leerte und bepinkelte Schriftstücke in seinen Postsack plumpsten, und was wohl die Angebetete zu dem Liebesbrief mit dem ätzenden Uringeruch sagen würde. Erst jetzt dämmerte es mir, und ich verabscheute meine nächtliche Schandtat, doch schob ich die Schuld auf die Stimme.

Epoche der seltenen Gehirnentzündung als Folge echter Windpocken

Zwar fühlte ich mich unwohl, aber immerhin hatte ich mittlerweile einen festen Job bei einem Stadtgastronomen. Genau da wollte ich nie hin und war dort gelandet, als billiger Animateur für überschminkte Schmusedamen, die ein wenig nach Parfümplagiat stanken und schnell geil wurden, weil sie chronische Torschlusspanik hatten. Wenn ich mich nicht in dem kleinen Hotel des Herrn Harzer aufhielt, dann in einem Bochumer Tonstudio, in dem ich mit meinem Musikerkumpel an einer nie beabsichtigten Karnevalskarriere bastelte. »Hulla, Hulla, Afrika« hatte sich in der Zwischenzeit gegen unseren Willen mehrere Tausend Male verkauft, sodass der Musikverleger feucht im Schritt geworden war. Er wollte mehr, weil er gierig geworden war. Doch von Ruhm und Reichtum waren wir weit entfernt: Auf meinem Konto sah ich nur rote Ziffern, und wir traten umsonst auf üblen Provinzkarnevalssitzungen auf, bei denen niemand applaudierte geschweige denn eine Platte kaufte. Oft fanden jene grässlichen Veranstaltungen in sogenannten Mehrzweckhallen statt, in denen die uns zugeteilten Garderoben erfahrungsgemäß nach Schweiß und Pisse rochen. Wurden wir im Laufe des närrischen Abends vom Sitzungspräsidenten als die ultimativen Stimmungskanonen angekündigt, bekannten sich nur wenige Saalgäste zu uns. Meistens waren die Veranstalter froh, wenn wir die Bühne verlassen hatten, weil danach der Begeisterungspegel in der Halle infolge unserer Abwesenheit wieder anstieg – unsere seltsamen Hits mochte niemand hören. Umso peinlicher war es, wenn wir uns nach unserem Auftritt mit einem von der Plattenfirma aufgeschwatzten Paket voller Singles vor den Eingang platzierten, in der Hoffnung, dass wir unsere selbst produzierten Scheiben loswürden mit der Folge ungezählter Kartons voller Schallplatten, die heute noch wertlos und unverkäuflich auf meinem Speicher lagern. Das trübte natürlich meinen vermeintlichen Frohsinn, den ich als primitiver Stimmungssänger verbreiten sollte. Demotiviert bis in die Zellkerne, fiel es mir immer schwerer, den netten Depp in aller Öffentlichkeit zu spielen. Im Gegenteil: Mit der Veröffentlichung von »Wir machen Urlaub in unserer Kneipe« hatte ich zwar meine heimliche Wohnstätte ahnungslos besungen, erbrach allerdings innerlich mit jeder intonierten Zeile. Ich war vom begehrten, wilden Sex-and-Drugs-

Leben eines zum Götzen erhobenen Rock 'n' Rollers weiter entfernt als Roy Black, der immerhin unter anderem mit »Ganz in Weiß« einen Millionenhit als Referenz verbuchen konnte, fühlte mich aber genauso elendig wie er, als er als heruntergekommener Z-Promi in unbesuchten Kursälen auftrat. Jetzt war es amtlich: Ich war ganz unten, und niemand zog mich aus der Scheiße heraus, die sich mit jedem Tag dichter und zäher an mich schmiegte, um mich wie matschiger Sumpfschlick ins Nirwana zu saugen. Da passierte es: Ich wachte eines Mittags nach einer durchzechten Nacht mit runden Pocken am ganzen Körper auf. Mitunter reagierte ich gewohnheitsmäßig hysterisch und dachte an eine unbekannte Lepravorstufe im zivilisierten Mitteleuropa. Kreidebleich schaute ich in Mutters kleinen Handspiegel – die juckenden Hügel waren im wahrsten Sinne des Wortes überall: im Gesicht, am Hals, an Armen und Beinen, am Körper, am Hintern, ja, sogar an den Geschlechtsteilen, die dadurch noch mehr juckten als bei aufgestauter Geilheit. Mama gab mir aus der Garage dreckige, ölverschmierte Handschuhe, die mein Vater normalerweise überstreifte, um an seiner Rostkarre Motoröl nachzukippen und die ich, bis der ruck, zuck bestellte Arzt eintraf, anziehen sollte, um mich nicht bis zur Unkenntlichkeit aufzukratzen. So glaubte Dr. Tattey an jenem Nachmittag fälschlicherweise, ich habe mich zu einer Kfz-Mechanikerlehre entschlossen, als er mich in meinem Bett mit 40 Grad Fieber und voller Pickel vorfand. Sogleich streifte ich die provisorische Handbekleidung ab, präsentierte meinen nassen Luxuskörper und sah aus wie ein Ganzkörperkondom mit unzählig vielen Noppen. »Eindeutig Windpocken«, erkannte mein Hausarzt mit gekonntem Blick, verordnete strenge Bettruhe und ein Juckreiz stillendes Puder, welches ich schnellstens auf der gesamten Hautfläche, selbst am Schwanz, verteilte. Windpocken galten im Erwachsenenalter als gefährlich – es drohte obendrein eine Impotenz, die ich damals, als ich meinem Glied den lächerlichen Beinamen »Strammer Max« nicht zu Unrecht gegeben hatte, überhaupt nicht hätte gebrauchen können.

Die ausnahmsweise mal echte Erkrankung entkräftete mich von Tag zu Tag mehr, auch die Besuche meiner Freunde, die mich mit der ein oder anderen selbst gebauten »Gute-Besserung-Tüte« stärken wollten, erreichten eher das Gegenteil. Jedenfalls erinnere ich mich heute noch an einen legendären Abend, an dem ich den vor Mutter in einer Schublade gut geschützten Riesenjoint auspackte und mit zwei Gramm in meinem dauerberieselten Assoziationszentrum einen John-Wayne-Western auf meinem technisch revolutionären Schwarz-Weiß-Fernseher lachend mit einem Bauchmuskelkater von Anfang bis Ende verfolgte, ohne genau zu wissen, wovon der Filmklassiker eigentlich handelte. Lahmgelegt wie der Atommeiler von Tschernobyl, verbrachte ich so mehrere Wochen zu Hause; aufgrund der akuten Ansteckungsgefahr wagte ich mich ohnehin nicht raus, ich war die Personifizierung eines typischen Kinderkrankheitsvirus und völlig ratlos, in welcher Frau ich ihn gefangen hatte. Wie ein übervorsichtiger Vampir, der sich bei drohendem Tageslicht nur kurz auf die Straße traut, geisterte ich ab und zu rund ums Haus, um den Anflug von Außenwelt aufzuschnappen, in Wahrheit war ich ähnlich wie Thermoskannenkaffee völlig isoliert. Erst mit Beginn des Herbstes riskierte ich das Unternehmen »Einkauf« und setzte außerdem meinen schlechten Ruf aufs Spiel: Ich ging – man beachte die Tageszeit – morgens über die Fußgängerzone meiner Heimatstadt. Wie immer waren es die alten Hausfrauen, die sich nach mir umschauten, einige sprachen mich sogar mit »Dich habe ich ja lange nicht mehr gesehen« an und betrachteten dabei einschneidend meine abheilenden Pusteln, über die sich eine dünne Junghautmembran gelegt hatte. »Wie geht es dir?«, plärrten die ungeliebten Nachbarinnen auf mich ein. »Gut«, log ich zurück und wusste um deren Erkenntnis meiner ausgesprochenen Lüge. »Diese Frage hätten sie sich wirklich ersparen können, denn sie würden sie auch garantiert keinem Leprakranken stellen«, dachte ich wütend und zog es vor, Mutters Freundinnen aus dem Kegelverein zukünftig zu ignorieren. Ich lustwandelte zielgerichtet auf den Supermarkt zu, um die Liste, die mir die

Mama mitgegeben hatte, fleißig abzuarbeiten, war allerdings durch die Haschischdosis in meinen Hirnlappen stark angegriffen. Es fiel mir auffällig schwer, mich auf Mutters favorisierte Sonderangebote zu konzentrieren. Ich griff deshalb sinnlos in die gefüllten Regale und war froh, dass ich überhaupt irgendein, wenn auch nicht das gewünschte Warenangebot zusammengestellt hatte. Mit fatalen Folgen: Ich wurde zu Hause nach altmodischer Züchtigungsmanier ordentlich zusammengeschrien. »Du kannst aber auch gar nichts«, rotzte mir meine Mutter ins Gesicht. Und weil ich mich ohnehin ziemlich mitgenommen fühlte, durch das ewige Nichtstun und die Windpocken zugleich vollkommen abgespannt war, niedrigen Blutdruck hatte, einen Pustelpenis zwischen den Käsebeinen verzeichnete und beim Wichsen ungewohnt mehrere Pausen einlegen musste, stieg in mir der Gedanke auf, ich könnte im Krankheitsbuch nachschlagen. Hätte ich besser nicht getan, denn ich stieß auf die Diagnose »Gehirnentzündung«, die zwar selten, aber trotzdem auftrat. Diese Krankheit, wie konnte es anders sein, verlief bei Nichtbehandlung tödlich. Als Folge einer Virusinfektion betraf die Erkrankung nicht nur die Hirnhäute. Ich war zur Mumie erstarrt. Hatte ich nicht soeben eine virale Erkrankung mit Ach und Krach überwunden? Wurde mir mit den gelesenen Zeilen erst bewusst, dass es sich um eine Komplikation handelte? Die Symptomatik stimmte wie immer mit meinen empfundenen Wahrnehmungen überein: Ich war verwirrt und unkonzentriert, gereizt und hatte einen steifen, zugegeben nur, Nacken. Durchaus konnte das Übel, das war mir klar, auch von Zecken verursacht werden; da ich dagegen eher mit Zicken zu tun hatte und nie durch den Wald gegangen, sondern gefahren war, schieden die kleinen, niedlichen Krabbeltierchen als Anstifter komplett aus. Deshalb war ich mir sicher, vom Hausarzt in die nächste neurologische Fachklinik überwiesen zu werden, um zum einen teure Fotos vom Gehirn mittels Computer- oder Kernspintomografie schießen zu lassen, zum anderen intravenöse, rasch wirkende Antibiotika verordnet zu bekommen, um eine denkbare bakterielle Komponente vor dem nahenden Organversagen zu behandeln. Doch die Mächte der Medizin hatten sich diesmal gegen mich verschworen. Dr. Tattey war, ohne sich bei mir vorher abzumelden, in Urlaub gefahren, mein Vertrauen in seine Loyalität tief erschüttert. Und einen anderen Arzt wollte ich nicht aufsuchen, weil nur der gute Tattey die relevante Vorgeschichte aus seinen Akten entnehmen konnte. Ich war mit entzündetem Hirnkasten zur Handlungsunfähigkeit nahezu verdammt. Nur der Herrgott, leitete ich im stillen Kämmerlein daraus ab, könnte mir jetzt noch helfen. Ich versuchte es mit mehreren »Vaterunser« und überließ mein verwelkendes Fleisch und Blut ganz und gar dem himmlischen Erschaffer.

Kehlkopfkrebs vor dem Mauerfall

Es dauerte Monate, bis ich mich einigermaßen von der schweren Zeit meiner unbehandelten Zentralnerven erholt hatte. Noch nie zuvor hatte mich ein Arzt in seinem Vertrauen von Grund auf so erschüttert wie mein bis dahin verehrter Hausdoktor Tattey. Gerade mit dem Leben noch einmal davongekommen, weil es sich wohl um eine der äußerst seltenen Spontanheilungen wie im Falle meiner selbst diagnostizierten Gehirnentzündung gehandelt hatte, die übrigens niemals von einem studierten Mediziner bestätigt worden war, einigte ich mich schweren Herzens darauf, dem ahnungslosen Mann die Gelbe Karte zu erteilen – bei einem nochmaligen Verstoß wollte ich das Delikt als Fremdgänger bei einem anderen Hausarzt ahnden. Das hatte ich mir fest vorgenommen. Immerhin ging es mir vielleicht als Folge meiner erhörten Stoßgebete langsam etwas besser. Ich wollte augenblicklich gesünder überleben und reduzierte deshalb mit ein wenig Wehmut in meiner zugedröhnten Kifferseele den Haschischverbrauch auf spezielle Festanlässe, zum

Beispiel diverse Geburtstage, die es leider jeden Abend in meiner Stammkneipe zu feiern gab. Deswegen wurde aus dem guten Vorsatz erst mal nichts. In dieser Zeit hielt ich mich nicht immer, aber immer öfter in einem Wattenscheider Tonstudio auf, das einem netten und möglicherweise kleinkriminellen Immobilienmakler gehörte. Mein Kumpel Gerd hatte als angehender Tontechniker ohne große Vorkenntnisse einen bemerkenswerten Deal mit dem Besitzer abgeschlossen: Wir beide durften das Studio für unsere unverkäuflichen Kokainopern nutzen, dafür mussten wir ihm bei ein paar Aufnahmen helfen – ein faires Geschäft, weil Studioinhaber Hubert niemals erschien. Mit der sturmfreien Bude im Gepäck führten wir in dem unheimlichen Gemäuer inmitten eines Industriegebietes, auf dem sich der Krimiserie »Tatort« annähernde Mord- und Totschlagszenarien abzuspielen vermochten, ein unüberprüfbares Lotterleben. Meistens ging ich morgens um halb sechs in mein provisorisches Bett, das aus einer harten Ledercouch im Regieraum bestand. Was nahmen wir nicht alles für den anstehenden Welterfolg in Kauf? Wir übernachteten in einem stickigen, fensterlosen Raum, in dem wir vorher stundenlang stark geraucht hatten. Wir ernährten uns monatelang von Pommes und Burgern aus einem Fast-Food-Restaurant. Abends besuchten wir Revierkneipen, in denen wir bis zum Sonnenaufgang als letzte Gäste total besoffen auf Dartscheiben zielten. Schließlich die ständigen Ausreden zu Hause bei den Eltern, wir seien produktiv, damit mein Papa seinen Autoschlüssel in meine Hand legte. Es half alles nichts: Wir hatten kaum Geld in den Hosentaschen, sahen aus wie verwilderte Barbaren und überlegten uns, unsere Restzukunft in Bahnhofsmissionen zu vollenden. Da tat sich zumindest bei Gerd ein kleiner Lichtstrahl am dunklen Horizont auf: Er bekam die einmalige Chance, die man nur mit einem Auslandsstipendium vergleichen kann, bei einer Essener Firma Filme zu synchronisieren. »Das hört sich sehr gut an«, freute ich mich bis ins Rückenmark hinein. Zugegebenermaßen erkannte ich in seiner potenziellen Jobmöglichkeit die nahende Rettung aus der trübseligen Verarmungssuppe heruntergewirtschafteter Pottexistenzen. »Ich finde das total prima. Dann können wir mithilfe dieses Unternehmens Musikvideos drehen und später im Filmgeschäft reich werden«, machte ich dem Kollegen seine anstehende Arbeit schmackhaft. »Ich gebe mein Bestes«, sagte er am Tag seines Vorstellungstermins beim Geschäftsführer einer uns unbekannten Gesellschaft. Auf zu neuen Ufern, lautete demnach das Motto unserer persönlichen Feier am Abend zuvor, die den Beginn einer neuen Ära versprach. Während Gerd aufgeregt nach Essen fuhr, säuberte ich erstmalig nach Monaten die verstrolchte Studiobehausung. Ich kippte beispielsweise nicht mehr junge H-Milch weg, die bereits ungeöffnet sauer roch; ich entfernte Wurstscheiben aus einem Kühlschrank, die nur ein Gerichtsmediziner bei einer strengen Obduktion als ehemaliges Fleischprodukt hätte identifizieren können; Ähnliches galt auch für den vor Monaten frisch gehaltenen Tilsiter Käse, der mittlerweile ein tiefgrünes Mäntelchen trug, obwohl ihm gar nicht kalt war. Ich scheuerte stundenlang zu Beton gehärteten Urinstein von den Toilettenrändern und vergaß auch nicht, meine kribbelnde Milbendecke vor der Tür auszuschütteln. Als Gerd zurückkehrte, glitzerte die immer noch verdreckte Notwohnung ein wenig wie Mutters täglich durchgewischtes Wohnzimmer. Das Einzige, was fehlte, waren Gardinen mit einer gestärkten Goldkante und ein frischer Blumenstrauß auf dem Küchentisch, um den erfolgreichen Heimkehrer mit einer aufgebrühten Tasse heißen Bohnenkaffees willkommen zu heißen. »Wie war's?«, hakte ich, ihm entgegeneilend, nach. »Hast du was erreicht?« »Schon«, zierte sich der nach Hause Gekommene, den ich zuerst zu Tisch geleitete, weil ich eine Dose Eierravioli warm gemacht hatte, die erst vor ein paar Wochen abgelaufen und damit für Gerd noch genießbar war. »Es sind spezielle Filme«, berichtete er. »Drücken wir es mal so aus: Es sind ausschließlich Hardcorepornos, und ich habe seit heute Morgen eine unglaubliche Latte.«

Um Gottes willen, fuhr es mir eiskalt über den Nacken, es könnte sich bei Gerds Steifem um einen gefährlichen Priapismus* handeln, der im Krankenhaus vermutlich mit einer Punktion der Schwellkörper behandelt werden konnte, doch Gerd beruhigte mich erst mal. Er müsse sich in Kürze einen runterholen, dann sei das Thema erledigt. »Daran muss ich mich erst mal gewöhnen«, stöhnte der aufgegeilte Kumpel mit Raviolispritzern im Gesicht, »da gibt's Filme für jeden Geschmack. Ich habe sie mir alle anschauen müssen und bin jetzt erst mal fix und fertig.«

»Na ja«, sagte ich, »Hauptsache, du hast den Job«, und zündete mir eine Zigarette an, obwohl mir das Rauchen schon seit Wochen nicht guttat. »Was ist mit deiner Stimme los?«, fragte mich Gerd unverhofft, vielleicht um eine gewisse Besorgnis oder um eine Ablenkung von seinen Schmuddelstreifen auszudrücken. »Warum?« »Du klingst so heiser, bist du etwa erkältet?« Das musste ich verneinen, ich hatte weder Fieber noch Schnupfen und schloss einen harmlosen grippalen Infekt aus. Tatsächlich: Meine Stimmbänder schienen angegriffen zu sein, ohne dass eitriger Schleim aus den Nasennebenhöhlen dafür verantwortlich war. Dem Anschein nach ging es mir unumstößlich an den Kragen. Ich hatte einfach zu viel geraucht und viel zu viel gekifft, de facto erhielt ich die Quittung. Zu Hause bei Mutter schlug ich das schlaue Buch mit einem gekonnten Handgriff

* schmerzhafte Dauererektion des männlichen Gliedes

beim Kapitel »Krankheiten des Halses und der Atemwege« auf und las, was ich nicht wollte: Es war Kehlkopfkrebs. Würde ich die bahnbrechenden politischen Umwälzungen seit Glasnost und Perestroika nicht mehr erleben? Während sich in Ungarn die Schlagbäume nach Österreich öffneten und das Neue Forum zum Widerstand in der verrammelten DDR aufrief, bekam ich einen feinen, trockenen Kitzelhusten am Kehldeckel, der symptomatisch für eine bösartige Geschwulst stand. Ich atmete schwerer, so wie in dem Krankheitsbuch beschrieben, »wie durch ein Tuch«, und las meinen Eltern beim Mittagessen aus der Lektüre über Symptome, Diagnose und Therapie bei Kehlkopfkrebs vor, sodass Papa ab und zu würgen musste. »Geh doch wieder zum Arzt«, konterte der genervte Familienpatriarch, als ich mit den vorgetragenen Zeilen seiner Meinung nach zu sehr ins Detail gegangen war, und Mutter wurde laut: »Lass den Papa wenigstens mittags mal in Ruhe.« Mit so viel elterlichem Verständnis abgesichert, lud ich mich bei einem HNO-Arzt vor, dessen Arzthelferin ich vorab gesagt hatte, ich drohte zu ersticken. »Selbstverständlich kommen Sie heute noch ran, aber normalerweise vergeben wir Termine«, wurde ich von ihr drohend belehrt. »Das kann ich sehr gut verstehen, aber es handelt sich wirklich um einen akuten Notfall«, erwiderte ich. »Dann kommen Sie bitte sofort«, befahl die junge Dame mit barschem Tonfall und legte, ohne dass ich mich verabschieden konnte, auf. Ich schwang mich derweil ins Auto und fuhr mit amerikanischem Start los, um Klarheit über meinen Adamsapfel zu erlangen. Während der Fahrt fühlte ich vorsichtshalber noch einmal die Halslymphknoten ab, konnte aber keine sichtbaren Schwellungen verzeichnen. Wenigstens gab es noch keine Tochtergeschwülste, beurteilte ich die Untersuchung abschließend, obwohl ich mit Sicherheit den zentralen Tumor ausfindig gemacht hatte. In der Praxis angekommen, durfte ich mich trotz meines Kassenpatientenstatus am vollgestopften Wartezimmer, in dem alte Omas dicklichen Nasenschleim in ihre Taschentücher lautstark ballerten, vorbeischleichen und nahm auf einem Stuhl vor dem Arztzimmer des Dr. Rohrke Platz. Neugierig verfolgte ich, die Ohren gespitzt, hinter der verschlossenen Tür ein Gespräch zwischen ihm und einem Patienten; ich konnte Wortfetzen wie »dreimal täglich zwei Tabletten« oder »morgen durchspülen wir die Nebenhöhlen« gierig aufschnappen. Als sich die Tür wieder öffnete, begegnete ich einem alten Mann, der ein Rezept in der Hand hielt und ein verschleimtes »Auf Wiedersehen« dem HNO-Facharzt zurief. Des Meisters Folterstube war geleert, und der Untersuchungssessel schimmerte im warmen Sonnenlicht, als mich Dr. Rohrke in sein Laboratorium beorderte. Ich setzte mich auf den großen Stuhl, der Doktor schaute mich mit seiner grellen Stirnlampe an und fragte nach dem Grund meines Besuches.

»Ich habe seit Wochen einen trockenen Kitzelreiz am Kehlkopf. Was kann das sein?« »Da ich nicht reinschauen kann, öffnen Sie bitte mal den Mund«, wies Dr. Rohrke mich forsch an. Zögerlich lösten sich meine ängstlich aufeinandergepressten Lippen. Kaum stand ich mit weit geöffneter Mundhöhle vor ihm, ergriff er zu meinem großen Entsetzen die Spitze der Zunge, zog sie äußerst schmerzvoll bis zum Kinn und überklebte das Zungenende mit einem Heftpflaster, damit der Muskel nicht in seine ursprüngliche Position rutschen konnte. Mit dieser weit rausgestreckten Zunge, die Albert Einsteins berühmte Fotopose bei Weitem übertraf, jaulte ich Dr. Rohrke vor, er möge mich begnadigen. Doch er nahm einen langen Stab, an dessen Ende ein kleiner Spiegel positioniert war, führte ihn unsanft hinter die Mandeln und versuchte, einen Blick auf meinen Kehlkopf zu werfen. Meine Schreie wurden von ihm kaltherzig ignoriert; als er sich daraufhin beschwerte und um Ruhe bat, versagte meine Körperbeherrschung: Anscheinend war Rohrke mit dem eingeführten Stab an mein Zäpfchen gestoßen, als Folge dessen kotzte ich ihm druckvoll ins Gesicht. Ich war peinlich berührt, aber ich konnte nichts dafür. Der Arzt ließ erschrocken von mir ab, löste das Klebeband an der Zunge, lief zum Zimmerwaschbecken und wusch sich mein Erbrochenes vom Antlitz. »So hat das keinen Zweck«, resümierte er, angewidert von meiner heftigen Reaktion, und bestrafte mich mit einer Überweisung in ein nahe gelegenes Krankenhaus, in dem ich am nächsten Morgen nüchtern – dieses Wort betonte er mehrmals – zur Kehlkopfspiegelung erscheinen sollte. Was hatte er mit mir vor? Ich war zu jung, um den Adamsapfel total entfernt zu bekommen; ich fühlte mich noch nicht nach elektronischen Stimmbandprozessoren, die krebskranke Starkraucher an den Hals hielten, damit man sie schwach wie ein Roboter der Kultgruppe Kraftwerk verstehen konnte.

Ich war dermaßen erschüttert und weigerte mich, abends das Haus zu verlassen. Meine Mutter glaubte zu Recht, ich sei krank, bezog ihre Mutmaßung aber auf meine plötzliche Solidität. Ich trank Wasser und ging früh mit entmutigtem Blick zu Bett, nachdem ich mich abends mit meinen Eltern noch vor der Glotze bei einer unerträglichen Show zu Tode gelangweilt hatte.

Als der Hahn ein paar Stunden später dreimal krähte, blinzelte ich den von mir vordefinierten Tag des nochmaligen Erbrechens an. Ich musste mich um zehn Uhr morgens in der HNO-Abteilung der Klinik einfinden und fuhr, fast am Steuer einschlafend, zu meinem Peiniger. Es war kein Geringerer als Dr. Rohrke selbst, der den HNO-Bereich leitete und mich recht unfreundlich in einen sterilen OP begleitete. »Guten Morgen, Sie bekommen jetzt ein Spray in den Rachen gesprüht, das Ihren Hals betäuben wird. Alles andere gleich!«, machte der am Vortag noch Bekotzte seine vorprogrammierten Handlungen spannend. Eine soldatisch wirkende Krankenschwester schnatterte »Mund auf!« und besprühte mit einem feinen, kleistrigen Nebelgas meine königlichen Rachenschätze. Der Schluck-, aber auch der Würgereiz wurden dadurch binnen weniger Minuten so stark gemildert, dass sich Rohrke mit seinem Stab, den ich noch Stunden zuvor genauso wie ihn selbst vollgereiert hatte, in meinen Hals mutig hineinwagte. Vorher hatte er leider wieder die Zunge bis zum Kinn gerissen und stark mit Klebeband befestigt. Meine Schreie hatte niemand vernommen, der OP lag in einem Nebentrakt des Haupthauses. Nun gab es kein Zurück mehr: Ungeachtet aller Laute, die ich von mir gab, pumpte der unsensible Nichtskönner den verspiegelten Metallstock bis an die taube Rachenwand und nötigte mich zu Vokallauten, während mich die Helferin, damit ich dem Arzt nicht ins Gesicht schlug, festhielt. Ich kam mir wie eine Laborratte vor, die mir, wie ich selbst, sehr leidtat. »So, das war's«, beendete Dr. Rohrke nach gefühlten Stunden seine Marter. Den Stab entfernt, das Klebeband gelöst, verkündete er eine freudige Nachricht: »Gurgeln Sie Kamille, da ist nichts.« Kaum hatte er diese Worte, die den Kehlkopfkrebs widerlegten, ausgesprochen, verschwanden alle Symptome. Ein paar Tage später wurde in Berlin die Mauer geöffnet. So hatte jeder einen Grund, sich zu freuen.

Krustenhaut auf Norderney

Es war die Zeit, als sich die SED unwirksam in SED/PDS umbenannte, in Berlin rund ums berühmte Brandenburger Tor die ersten Mauerbrocken verscherbelt wurden, alle großen Fernsehsender der Welt täglich von Ereignissen innerhalb Deutschlands berichteten und sich Menschen aus Ost und West küssend in den Armen lagen, sodass sich Herpeslippen in Windeseile über Europa ausbreiten konnten, als mich ein heftiger Juckreiz plagte. Frische Ekzeme hatten sich am ganzen Körper verteilt, ich kratzte jede erdenkliche Minute die aufgeraute Haut weiter auf und vergaß dabei völlig, wie Augenzeugen meine öffentlichen Scheuerorgien bewerteten. Durchaus erwogen sie eine mangelnde Körperhygiene für meine schuppige Haut als Ursache, bedachten aber meine über zehnjährige Neurodermitistradition nicht. Ich war ein fleißiger Hautschrapper geworden, der von Kopf bis Fuß auf Juckreiz eingestellt war, denn das war meine Welt und sonst gar nichts. Befand ich mich zum Beispiel in einem Gespräch, unterbrach ich die Konversation öfter mit »Moment mal«, um in der Gegenwart meines Gegenübers das größte menschliche Organ mit scharfen Fingernägeln bis zum Blutvergießen aufzuritzen. Besonders betroffen war das Gesicht, das nach der unsanften Behandlung einem gelungenen Freddy-Krueger-Abklatsch ähnlich sah. Andere Körperteile litten genauso wie ich unter den Schrubbstrapazen, leider hatte der Ausschlag stillschweigend die Region rund um mein drittes Bein okkupiert. Zwischen Sack und Damm kribbelte es mitunter so heftig, dass ich mich manchmal auf eine Toilette zurückziehen musste, weil ich dort mit heruntergelassener Unterhose in den Kniekehlen die juckenden Stellen fleißig durch meiner Hände Kraft raspelte – ein Anblick, den ich meinen Bekannten ersparte. Stand ich nachmittags in dem einzigen Kaufhaus meines Heimatortes, um dort in der unsortierten Plattensammlung zu wühlen, ergriff mich mitunter wider Erwarten dieses lästige Sackkitzeln. In diesem Falle war ich gezwungen, sofortige Gegenmaßnahmen zu ergreifen: War niemand sichtbar, glitt ich schnell mit meinen erfahrenen Fingern in die Hose und bearbeitete scheinbar unbeaufsichtigt die juckenden Eier, auch wenn mir heute erst bewusst wird, dass ich von Deckenkameras bei der Mechanik, die eindeutig an eine exhibitionistische Masturbationseinlage erinnerte, aufgezeichnet wurde. Übrigens kratze ich heute auch noch, wenn es sein muss, kernig die Hoden- und Dammhaut, auch wenn meine Verlobte immer die Augen verdreht, wenn sie mich dabei erwischt. Im Vergleich zu heute hatte der Pruritus im letzten Drittel des Jahres 1989 jedoch eine andere Qualität: Er war hartnäckiger als ein gesungenes Volkslied von Marianne und Michael, besuchte mich ohne Vorwarnung so überraschend wie ein GEZ-Prüfer, ruhte sich auf meinen alarmierten Hautnerven länger aus als ein Gast, der mit zu viel Sitzfleisch am Hinterteil dem Gastgeber durch seine feingefühllose Verweildauer ordentlich auf den Geist geht, und war, egal, wo man ging, stand und lag, so allgegenwärtig wie eine Stasiwanze. Verständlich, dass ich mittlerweile keine Lust mehr verspürte, meine Haut laut Beipackzettel täglich ein- bis zweimal dünn mit einer cortisonhaltigen Fettsalbe sanft einzumassieren, mich in Wirklichkeit aber fünfmal am Tag meterdick mit der Schmierpampe zuleimte, um wenigstens annähernd ein menschenwürdiges Leben führen zu können. Auch das Geschwätz unter Nachbarn, irgendeinem Stiefonkel habe der Verzicht auf Süßigkeiten, Alkohol, Fleisch und diversen Gemüsesorten gutgetan, machte mich schier wahnsinnig. »Wenn ich nur noch abgekochten Reis essen darf«, sagte ich zu mir, »kann ich mich auch umbringen.« Ich war entschlossen, nach dieser Maxime zu handeln, und um genau das zu vermeiden, quälte ich mich zum letzten Mal in diesem ablaufenden Jahrzehnt auf der Suche nach sinnvollen Alternativen zu Dr. Tattey, der zwar in meiner Gunst gesunken, aber trotzdem nach wie vor mein Hausarzt war. Ich zeigte ihm meine zahlreichen Wunden, scheute mich auch nicht, ihm die malträtierte Stelle zwischen Sack und Damm darzubieten, und beschrieb ihm mit einer verblüffend präzisen Detailgenauigkeit, wie das Ekzem lückenlos die Haut überschwemmte. »So exakt wollte ich das gar nicht wissen«, sagte Tattey, nachdem er den Zustand der Epidermis* kritisch unter die Lupe genommen hatte. »Ich denke mal, wir werden eine Kur beantragen.« Ich konnte nicht glauben, was ich gerade gehört hatte. »Eine Kur?«, wiederholte ich erstaunt. »Ja, inklusive Kurklinikaufenthalt und zahlreichen Behandlungen«, entgegnete Tattey und stieg damit, ohne es zu wissen, in meiner Beliebtheitsskala wieder deutlich an. Ich war ein wahrhaftiger Glückspilz, der bald mit dem Flugzeug in die wärmende Sonne eines mediterranen Landes reisen durfte, dort in einem Kurhotel, Cocktails schlürfend, am Swimmingpool liegen konnte, mit den Fingern schnipsend den Kellner bestellte, damit er mir das mit Kaviar garnierte Chateaubriand auf einem kleinen Tisch zubereiten konnte, auf Wunsch von knackigen Frauen massiert wurde und nur die schärfsten Kurschatten abendlich in die Suite auf das Kingsizebett beorderte. Mit diesem für mich niemals

* obere Hautschicht

auszuschlagenden Erholungsangebot sollten mir nach Monaten des persönlichen physischen und psychischen Elends endlich einmal ein paar schöne Wochen vergönnt sein – ein Ausgleich für das häusliche Siechtum, das ich in den vergangenen Jahren des armseligen Studentenlebens gepflegt hatte. Die Zeit war reif für meinen Auftritt in den Wellness- und Spa-Palästen der Welt: Ich sah mich mit dem meine Koffer tragenden Zimmerpagen über den roten Teppich am winkenden Portier vorbei zur Rezeption stolzieren, an der mir die Empfangsdame ein Gläschen Begrüßungschampagner mit den Worten »Herzlich willkommen in unserem Hause, werter Herr« feierlich überreicht. Ich sah, wie ich dem Gepäckboy einen Hundertmarkschein in die Hand drücke und ein legeres »Kauf dir was Schönes, Junge« aus meinem Mund mit wohldosierter Stimmkraft hauche. Dr. Tattey fügte hinzu, er werde mit der Kasse sprechen, die ihm ein paar Klinikvorschläge zukommen ließe. »Wenn es geht, gerne am Mittelmeer«, betonte ich, ohne zu wissen, was bald passieren sollte.

Kaum waren ein paar Tage vergangen, meldete sich der Arzt zu meiner Verblüffung telefonisch, um mich zu beglücken: »Es ist alles geklärt. Du kannst in ein paar Tagen reisen.« Mir stockte der morgens restalkoholisierte Atem. »Wie? Jetzt? Aber es ist doch gar keine Saison. Die Hotels haben doch alle geschlossen, oder?« »Hotels schon«, antwortete Tattey, »aber du reist in eine Spezialklinik zur Behandlung von Ekzemen wie Schuppenflechte und Neurodermitis.« Anscheinend roch ich den unangenehmen Braten immer noch nicht und hakte vorsichtig nach, in welchem international bekannten Urlaubsmekka sich die Klinik befände. »Am Mittelmeer in Cannes ist es Ende November doch kalt. Geht's etwa in die Südsee oder nach Hawaii?«, versuchte ich meinen Heiler mit seiner ausstehenden Antwort in eine bevorzugte Richtung zu drängen, was mir überhaupt nicht gelang. »Nicht ganz«, rutschte er mit der schonungslosen Wahrheit raus, »es geht nach Norderney, und zwar bereits am kommenden Montag.« Allerspätestens jetzt rutschte mir das Herz in die Hose – das konnte und durfte nicht wahr sein. Ich sollte in eine schäbige, veraltete Hautklinik an die eiskalte Nordsee deportiert werden, und das mitten im Winter bei Temperaturen unter null Grad und der ständigen Sturmflutgefahr. »Aber bei Neurodermitis helfen doch Wärme und ein mediterranes Klima?«, fragte ich weinerlich, müde und machtlos nach, worauf der Arzt meines ehemaligen Vertrauens mit einem souveränen »Nein« konterte. »Die Klinik ist darauf spezialisiert, und die Nordseeluft mit ihrem Reizklima wird deine Haut spürbar verbessern.« Nun war die Katze endgültig aus dem Sack, mein Elan erreichte ungeahnte Tiefen, mir fiel der Schwanz in Scheiben ab, mit anderen Worten: Das gefiel mir gar nicht! Vor mir lagen sechs Wochen völlige Isolation, abgeschirmt von der Außenwelt in einem zweckmäßigen Doppelzimmer ohne Fernseher und Radio, das ich mir mit einem noch unbekannten Leidensgenossen zusätzlich teilen musste. Schlimmer hätte es mich wahrlich nicht treffen können, erkannte ich und schauderte bei dem Gedanken an mein Ersatz-Hawaii. Gar nicht auszudenken, was dort alles passieren könnte, wenn die hohen, schmutzigen Nordseewellen das Klinikgebäude wie einst zu Hamburger Sturmflutzeiten überspülten, wenn ich bei starkem, windgepeitschtem Hagelregen auf dem Dach vergeblich Ausschau nach einem Hubschrauber der Bundeswehr hielte, obschon sich die restlichen Insulaner bereits in Sicherheit gebracht hätten, und wenn ich zum Schluss mit einem zwar roten, dennoch schlecht erkennbaren Rettungsring im Wattenmeer triebe, während hungrige Möwen meine Kopfhaut anfräßen. Ausgerechnet dorthin, an die wilden Wogen der Nordsee, die ich durch Ökopropaganda als Mordsee im Langzeitgedächtnis abspeichert hatte, buchten mich die erbarmungslosen Kassenbürokraten ein. Von Strandhotels mit den wohlklingenden Namen »Ritz«, »Hilton«, »Steigenberger«, »Arabella Sheraton«, »Hyatt«, »Maritim« oder einem Schlosshotel war nicht die Rede, Tattey nannte mein zukünftiges Domizil Hautklinik, und wahrlich hielt der gespenstische Name, was er versprach: Als ich im November frühmorgens einen überfüllten Bummelzug mit allerlei unwichtigem Gepäck am Heimatort betrat, wusste ich es haargenau – es würde schlimmer kommen als erwartet. Mutter stand an der Bahnsteigkante, überreichte mir eine ausgeleierte Plastikdose voller stinkender Butterbrote und verabschiedete mich mit den Worten, ich möge mich gut erholen und gesund ankommen; zynischer hätte sie meine Reise nicht in Worte fassen können. Dann schloss der unfreundliche Schaffner die Tür, und von da ab gab es kein Zurück mehr – ich rollte gelangweilt mit kräftiger Ausschlagsröte als Fahrgast zweiter Klasse Richtung Norden, schielte blöd aus dem unsauberen Zugfenster, schmiss irgendwann den widerlichen Doseninhalt mit den aufgeweichten Fressalien in das Waggonklo und fühlte mich wie ein geschlagener Napoleon auf St. Helena. »Mein Schicksal«, fuhr mir durch den Kopf, »ist aber scheußlicher. Napoleon hatte wenigstens noch Personal, ich aber werde am Ziel von unsympathischen Doktoren der Dermatologie in juckreizstillende Therapiestunden gezwängt.« – Eine Prognose, die sich verdichtete, als ich nach stundenlanger Zugfahrt und einer nie enden wollenden Fährverschiffung das im Winter menschenleere Nordseeheilbad Norderney und den alten Klinikbau am Dorfrand erreichte. Stumm stand ich vor dem abschreckenden Gebäude, und meine Sprache verschwand wie einst Timm Thalers Lachen. »Ach du Scheiße«, war so ziemlich das Einzige, was ich am Tag der Ankunft noch sagen konnte. Das Haus erinnerte eher an ein vermeintlich modernes Sterbehospiz als an wohltuende Ruhe und Ausspannung. Dann begrüßte mich ein junger Arzt, der so aussah, als müsste er im Studienbuch das Wort »Neurodermitis« noch mal nachschlagen, dezent zickig: »Herzlich willkommen bei uns. Sie werden sich sehr wohlfühlen, Sie werden eine Menge über Ihre Krankheit erfahren, Sie werden eine speziell auf Sie abgestimmte Behandlung verordnet bekommen, Sie dürfen nicht rauchen, Sie dürfen keinen Alkohol trinken, Sie gehen abends zwischen neun und zehn Uhr ins Bett. Viel Spaß.« Dann musste ich mich vor ihm, der stolz wie Oskar seinen weißen Kittel trug, ausziehen, damit er meine im Zug frisch aufgekratzten Blutwunden begutachten durfte. Dr. Möller wusste, so wie ich seit zehn Jahren, woran ich litt: »Sie haben Neurodermitis.« »Tatsächlich?«, entfuhr es mir von den Lippen, hätte ich mir in diesem Moment doch so sehr einen erfahrenen Hautprofessor der älteren Generation herbeigewünscht, der, mit Stift und Rezept ausgestattet, ein schnell wirksames Medikament verschreibt, um mir beim Verlassen seines Zimmers wohlwollend auf die Schulter zu klopfen. Doch ich hatte es mit einem besserwisserischen Scharlatan zu tun, der über endogene Ekzeme genauso viel wusste wie ich. »Sie dürfen sich nach Möglichkeit nicht kratzen«, befahl mir der nordische Kurpfuscher. »Das würde ich ja gerne«, entgegnete ich mit einer zitterigen Opferstimme, »bekomme ich denn wenigstens etwas Cortison?« Möller schüttelte seinen aus dem viel zu großen Kittel ragenden Kopf mit einer gehörigen Portion Ärztearroganz, wie man sie oft in städtischen Krankenhäusern vorfindet, wenn man auf der Station einem Arzt begegnet, der einen nicht grüßt, nachdem man ihm dummerweise vorher freundlich »Guten Tag« zugerufen hat.

Tief betroffen wurde ich von einer Stationsschwester nach meinem kläglichen Einstand auf mein ungemütliches Zimmer geführt, das von einem zweiten Patienten mit dem Namen Lutz be-, oder sollte ich sagen verwohnt wurde. Lutz hatte ein rotes, aufgequollenes Gesicht, noch mehr trockene Neurodermitisflecken als ich und war sehr wortkarg. Ich stellte mich ihm kurz vor, was ihm offensichtlich schon zu viel des Guten war. »Ja, ist okay. Da ist dein Bett«, erwiderte er barsch meine künstlichen Gesprächsannäherungen, womit mein Versuch, Kontakte zu anderen zu knüpfen, kläglich gescheitert war. Er war ein Phänomen und hielt sich vorbildlich an die strengen Klinikgesetze: In seinem Schrank stapelte er heimlich Dosenbier, er rauchte auf der Toilette und ging sogar öfter mal abends in eine Stadtpinte, um sich sinnlos zu besaufen. Wenn er dann heimlich in die Klinik zurückkehrte und ich bereits eingekuschelt so tat, als schliefe ich, plumpste er in sein Bett, und ich konnte mit einem Ohr verdächtige Geräusche unter seiner Bettdecke vernehmen – es fiel mir schwer, das Geräusch präzise zu orten, sodass ich heute immer noch rätsele, ob sich Lutz gekratzt oder ob er einfach nur gewichst hatte. Für mich klang der Sound eher nach zerfurchter Kniehaut als nach massiertem Dödel, es sei denn, seine Eichel hatte genauso wenig Fett und Feuchtigkeit abgespeichert. Tagsüber traute ich mich natürlich nicht, ihn zu fragen, ob sein Schwanz in ein dermatologisches Ölbad getaucht werden musste; ich wusste nur, dass meine Penishaut, besonders unterhalb des sensiblen Vorhautbändchens, immer ausreichend feucht war und auch heute noch ist; in der Zahnpastawerbung der Siebzigerjahre hätte man dazu »Gute Pflege, Herr Doktor« gesagt. Das konnte man von Lutz nicht behaupten: Ungepflegt und ungeduscht trottete er schon morgens zum überschaubaren Frühstück, während ich im Badezimmer meinen empfindlichen Körper mit pH-neutralen Lotionen einbalsamierte und, wie schon seit Jahren, die Lymphknoten auf Veränderungen abtastete. Erst danach ging ich in die ungemütliche Hauscafeteria und setzte mich zu aufgekratzten Leidenskumpeln, denen ich während der Nahrungsaufnahme, die mir bei dem Anblick zwangsläufig im Halse stecken bleiben musste, auf die unappetitliche Haut schielte. Schräg gegenüber meines zugeteilten Stammplatzes saß ein Mann um die 40, der nicht nur mit abstoßenden Hautkrusten, sondern überall mit schmuddeligen Schuppen, die er wie im Märchen der Frau Holle auf die Brötchen kullern ließ, ausgestattet war. Diese nie zuvor gesehene Premiumedition eines alle Hautschichten umfassenden Ausschlags lief öfter abends an mir vorbei, wenn wir uns alle im sogenannten Einschmierraum auf der Stationsetage wieder trafen, um uns vor den Augen der anderen mit den zugewiesenen Cremes einzureiben. Dann standen wir in Reih und Glied splitternackt in Anwesenheit der behandelnden Ärzte vor ein paar aufgebauten Tischen, auf denen die öligen Leckereien wie ein kaltes Büfett angerichtet waren. Zögerlich rieb ich mir in diesen offenen Momenten der radikalen Entblößung meine juckenden Stellen zwischen Sack und Damm ein, war dabei sichtlich erleichtert, wenn ein Patient ähnlich unangenehme Stellen mit widerlich riechenden Tinkturen behandeln musste – jedenfalls schien die Vielfalt der von Neurodermitis oder Schuppenflechte heimgesuchten Körperzonen keine Wünsche übrig zu lassen, von A wie Anusfurche bis Z wie Zeigefinger wurde alles, was blutig gewetzt worden war, großzügig mit Ölen, Fetten, Emulsionen, cremigen Filmen, Salben, Spezialessenzen, Juckreiz mildernden Tropfen, Extrakten und Lösungen medizinisch ertränkt. Einmal die Woche wurde ich morgens um fünf aus dem Bett gezerrt, weil mir irgendein Arzt ein vermeintlich wohltuendes Ölbad in einer riesigen, fettig glänzenden

Stahlwanne verordnete, in der unlängst alte Tanten ihre schorfigen Brüste in flüssigem Fett gewälzt hatten, weshalb ich etwas angewidert den bis an den Rand gefüllten Zuber bestieg. Was dann passierte, lässt sich im Nachhinein mit Worten nicht beschreiben: Ich rutschte auf der glitschigen Fettschicht des Wannenbodens aus und fiel unsanft in das heiße Badewasser hinein. »Hilfe!«, schrie ich daraufhin wie ein alter, gebrechlicher Mann, der vom Badewannenlift gefallen war. »Hilfe, Hilfe.« Sofort öffnete sich die breite Eingangstür, durch die auch bettlägerige Allergiker zum Wannenbad geschoben werden konnten, eine Schwester erfasste mit schnellem Blick das angerichtete Chaos, erzürnte sich mit den Worten »Wie sieht es denn hier aus?«, sodass ich mich mit Kometengeschwindigkeit in Mutters Jugendzimmerbegutachtungen zurückkatapultiert sah, sie wischte mit einem alten Mopp die ölige Suppe auf und knallte die Tür wieder zu, als ich meine Sackporen in der trüben Bouillon mit breiigem Schlick versorgte. Eine umstrittene Therapie, denn meine Haut verbesserte sich nicht, sondern verschlimmerte sich von Tag zu Tag, auch wenn ich immer am windigen Strand einsam spazieren ging und mich in verblödenden Small Talks mit umherfliegenden Möwen abzulenken versuchte. Am Tag der Abreise meines dummen Bettnachbarn Lutz war ich zwar etwas erleichtert, weil ich ab nun nachts nicht mehr mit seinen mehr als lästigen Pimmelrubbelgeräuschen konfrontiert wurde, dafür wuchs in mir die Sorge um meine generelle Verfassung. Es bestand kein Zweifel: Aufgrund der nur zu einem Viertel gefüllten Klinik war ich ein einsamer, gebrochener Mann, der, einem nordischen Robinson gleich, eine winterlich verlassene Nordseeinsel bewohnte, sich morgens im Speisesaal vor den pusteligen Gesichtern ekelte, wie Albert Speer im Spandauer Gefängnis auf dem leeren Eiland seine Runden drehte, einmal die Woche Blut abgenommen bekam und mehrere Allergietests über sich ergehen lassen musste. Bei diesen wurde übrigens festgestellt, dass ich auf fast alles allergisch reagierte. Jeden Abend trank ich voller Weltschmerz auf meinem kahlen Zimmer eine Kanne lauwarmen Pfefferminz- oder wahlweise Kamillentee, auch wenn ich danach nachts öfter zum Pinkeln auf die Toilette musste. Tagsüber popelte ich, weil ich nichts zu tun hatte, meinen durch die kalte Jahreszeit gehärteten Nasengrind von den vertrockneten Innenwänden ab und trank dazu literweise Wasserkakao für 50 Pfennige pro Plastikbecher aus einem Automaten, der verwahrlost in der Cafeteria hinvegetierte. Wenn ich nicht gerade an Selbstmord dachte, wanderte ich zielstrebig zum Leuchtturm in die Inselmitte – im Dezember war ich tatsächlich der Einzige, der das mächtige Wahrzeichen aufsuchte. Und so gestaltete sich jeder Tag in den Wochen meiner Anwesenheit gleich: morgens

Frühstück und vorher oft irgendein unwirksames medizinisches Bad, wandern, Mittagessen, wandern oder gammeln, nachmittags die Krankensalbung in Dr. Möllers Schmierhütte, Abendessen, Tee saufen und unbefriedigt in die Kiste hüpfen. Mit anderen Worten: 42 unaufhörliche Wochentage, an denen Raum und Zeit keine Rolle mehr spielten, weil ich mich als Gebannter fast aller irdischen Gelüste entzog. Ein Wochentag kam mir so lang wie ein zweiwöchiger Zeitabschnitt vor. Da half es auch nichts, dass ich ab und zu vor dem Zimmerfenster saß und wie alle männlichen Patienten in ihren asketischen Unterkünften mit der Vorhaut spielte. Meine allerschlimmsten Befürchtungen hatten sich bestätigt: Ich bekam zu essen, was ich in Gedanken an das Catering in luxuriösen Kurhotels vor ein paar Tagen noch vehement ausgeschlossen hatte – abgekochten Reis in Hülle und Fülle, eine Maßnahme, mit der die unbarmherzigen Ärzte herauszufinden versuchten, auf welche Nahrungsmittel ich allergisch reagierte. Dementsprechend befand sich mein ohnehin angekratzter Gute-Laune-Pegel auf gleicher Höhe wie der pazifische Marianengraben, besonders wenn sich alle anderen auf ihre Abendessen freuten, ich hingegen eine Schale mit trockenem, ungesalzenem Reis überreicht bekam und zur Krönung der Zwangsdiät sich der Klinikkoch ein ironisches »Guten Appetit« nicht verkneifen konnte. Ich stand also kurz vor der

Einsargung, denn, so fragte ich mich wie ein intellektueller Psychologiestudent sein erforschtes Unterbewusstsein, was hatte ich noch von meinem minderwertigen Lebenshauch? Gerade mal über 20 Jahre jung, befand ich mich mit einem heftigen, fiesen, schuppenden, kribbelnden, krabbelnden, juckenden Ekzem in einer dermatologischen Versuchsanstalt, während meine Altersgenossen wilde Twenpartys in geilen Nächten begangen; ich hatte den Reis und sie Liebe, Lust und Leidenschaft. Ausgerechnet jetzt erfasste mich wieder ein verjährt geglaubtes Altleiden, das ich vielleicht etwas zu vorschnell als ausgerottet betrachtete: Blinddarmentzündung. Seitdem Lutz ohne Adieu aus dem Zimmer als ungeheilt entlassen worden war, plagte mich ein verzehrendes Bauchweh auf der rechten Seite. Routiniert fühlte ich Ober- und Unterbauch ab, drückte wie damals in Südtirol mit mehreren Fingern in die rechte Seite, ließ unverhofft los und kreischte die fast leere Klinikstation so voll, dass eine Krankenschwester in mein Zimmer geeilt kam. Dort lag ich auf dem Bett, mit Tränen überströmt, die Hände meinen Bauch umfassend, und redete auf die Frau ein: »Es ist Blinddarm. Hilfe!« Der Schmerz durchdrang wie ein lauter Pressluftbohrer meine Eingeweide, als ich aus Sicherheitsgründen in die linke Bauchhälfte drückte, unvermittelt die Hände wegzog, das gleiche Stechen in der rechten Darmhälfte realisierte und zur Stützung der körperlichen Bekümmernis zum zweiten Mal immens wehklagte – was die Schwester, so wie in der Krankenpflegeschule erlernt, zum Notrufen einer ihr bekannten Inselinternistin veranlasste. »Nun beruhigen Sie sich mal«, forderte mich das junge Luder auf, Fassung zu bewahren, die ich augenscheinlich längst verloren hatte. »Muss ich sterben?«, brüllte ich eine Frage in den kargen Raum, und es war mir egal, als sie das verneint hatte, ich konnte es in diesem Zustand ohnehin nicht glauben. »Im Bauchraum muss schnellstens der Eiterherd abgesaugt werden«, mutmaßte ich, noch bevor die konsultierte Ärztin mit ihrem schweren Medizinkoffer gemütlich meine grässliche Leidensstätte betrat. »Kann Dr. Möller nicht helfen?«, bohrte ich noch einmal mit der Resthoffnung auf eine unwahrscheinliche Blitzrettung nach. »Dr. Möller ist heute nicht im Hause, die Frau Doktor ist aber gleich da«, antwortete die Schwester, und sie hatte recht. Als die Internistin an meinem Sterbebett stand, den Bauch auf mögliche Verhärtungen abtastete, auch wenn ich dabei grausam gejohlt hatte, stand für sie fest: »Das ist kein Blinddarm. Sie haben einen Seitenstich, der nach unten abstrahlt. Regen Sie sich nicht auf und schlucken Sie nicht so viel Luft.« Dann verschwand sie wieder in den Dünen Ostfrieslands und ließ mich mit den Bauchgasen allein. Die Folge: Ich therapierte mich erfolgreich selbst – ich furzte!

Sehschwächen als Folge eines Gehirntumors nach der Wende

Als ich kurz vor Weihnachten von Norderney zurückkehrte, musste ich mich von den Anstrengungen der unwirksamen Kur erst einmal erholen: Zuallererst zog es mich natürlich in meine Stammkneipe, in der ich mich wie gewohnt bis zum Leberversagen besoff. Dort fragte ich direkt einen ortsbekannten Dealer auf der Herrentoilette, ob ich eine kleine, preiswerte Haschischplatte kaufen könnte. Frank zückte, ohne mit der Wimper zu zucken, eine große Haschtafel, die einer Schokolade ähnlich sah, aus der Hosentasche, biss ein Viertel davon ab und überreichte sie mir mit den Worten: »Heute im Angebot für nur 20 Mark.« Ich verstaute die bei Drogenfahndern unbeliebte Ware sofort in meiner Jackentasche, gab Frank das Geld und strullte danach erst einmal meine zehn Hefeweizenbiere ins Pissoir. Es war ein gutes Gefühl, endlich wieder zu Hause zu sein, nicht morgens aufstehen zu müssen, weil eine Krankenpflegerin die harzige Ölwanne gefüllt hatte, und abends heimische Biersorten in Ruhe genießen zu können. In dieser Zeit meines Comebacks in das Reich der Erfolglosen veränderte sich die Welt sichtbar: Die Bundesrepublik Deutschland zögerte ihre Bestrebungen, der DDR eine westliche Gehirnwäsche zu verpassen, nicht länger hinaus. Kanzler Kohl forcierte mit seinen Mannen die schnelle Vereinheitlichung zu einem deutschen Staat, was meine Eltern als Christdemokraten sehr freute – meinen Vater, weil er ein engagierter CDUler war, und meine Mutter, weil sie immer die Partei wählte, die auch mein Vater in der Wahlkabine ankreuzte.

Zu Hause hatte sich auch etwas geändert: Meine Eltern erprobten sich im Umgang mit der Fernsehfernbedienung. Meine Mutter musste sich nämlich, nachdem mein Vater schweren Herzens Kabelfernsehen bestellt hatte, erst einmal daran gewöhnen, denn es gab zu ihrem völligen Erstaunen mehr als nur drei Programme. »Alles Quatsch«, lästerte sie manchmal in der Küche und schaltete schon aus Protest gegen die ungewohnte Programmvielfalt abends auf die Taste »Zwei«, die, wie sollte es anders sein, das ZDF symbolisierte. »So was brauchen wir nicht«, bestärkte mein Papa meine Mutter, was jedoch nichts daran änderte, dass die Multimedienwelt in unser Wohnhaus Einzug gehalten hatte. Immerhin hatte mein Vater das Wort »CD-Player« irgendwo mal aufgeschnappt, konterte aber mit dem

Argument, die Schallplatten seien für den Hausgebrauch »noch gut genug.«

Was sich hingegen nicht verändert hatte, war mein wertloses Schlafzimmerunikat. Die gute Nachricht daran war, dass es im Jahre 1989 nicht mehr giftig war, die schlechte, dass ich die Jahre zuvor die toxischen Holzleimsubstanzen eingeatmet hatte. Offenbar war ich eines der Holzschutzmittelopfer, die heutzutage als gebrochene, schwer kranke Zielgruppe von investigativ arbeitenden Boulevardjournalisten vor laufenden Kameras weinen und an die Industrie erfolglos Schadenersatzansprüche anmelden. Meine ältere Schwester heiratete in jenen turbulenten Zeiten ihren Mann standesamtlich, was meine Mutter aufregte. »Das ist doch nichts Vernünftiges«, wetterte sie gegen die Ablehnung einer kirchlichen Ehe, aber im Nachhinein hatte das frisch vermählte Paar weitsichtig gehandelt. Die beiden sind mittlerweile geschieden. Damals war ich jedoch Trauzeuge der Vermählung, bei der die Eltern meines Schwagers durch Abwesenheit glänzten. Ich kann mich genau daran erinnern, dass ich, als ich die Urkunde unterschrieb, deren Buchstaben kaum erkennen konnte – im Gegenteil sah ich, wenn ich die Linse nicht scharf auf die gedruckten Lettern fokussierte, seit geraumer Zeit sehr unscharf. Dazu gesellte sich ein dumpfer Kopfschmerz, der sich im Tagesverlauf allmählich steigerte. Oft versuchte ich, einen vor mir gehaltenen Kugelschreiber mit den

Augen präzise zu justieren, doch es gelang mir nicht. Immer wenn sich die Bilder korrekt einstellten, spürte ich einen sanften Druck in der hinteren Hirnhälfte. Der Schmerz war anders als vor zwei Jahren nach der Gott sei Dank überlebten Windpockeninfektion und deren fatalen Spätfolgen. Er fühlte sich zäher und robuster an, reagierte dadurch unsensibler auf meine unweigerlich inszenierte Selbstmedikation mit den bewährten Wirkstoffen Acetylsalicylsäure, Paracetamol und Ibuprofen. Zuerst hatte ich mir zweimal täglich eine Tablette verabreicht und war schwer enttäuscht, wenn ich morgens aufwachte: Der abgestumpfte Druck in den Hirnhälften war immer noch da. Jetzt musste ich handeln. Im Krankheitsbuch blätterte ich auf die Seiten, die sich mit den »Erkrankungen des Zentralnervensystems« befassten. Mein Gehirn rutschte in die Hose, weil ich diese Diagnose bislang versehentlich ausgeschlossen hatte: ein Gehirntumor, wobei ich direkt auf eine bösartige Variante tippte – und das einen Tag vor Heiligabend. Die Sehschwächen, der Kopfschmerz, das Druckgefühl, die verschwimmenden Buchstaben auf der wertlosen Heiratsurkunde meiner Schwester – alle diese Symptome ergaben plötzlich ein schlüssiges Gesamtbild, das auf eine wuchernde Geschwulst im schwer zugänglichen Schädel hindeutete. Und obschon jeder Arzt kurz vor Weihnachten geschlossen hatte, blieb mir nichts anderes übrig, als einen radikalen Entschluss zu fassen: einen zum Jahresende ausruhenden Mediziner in seiner weihnachtlichen Erholung kurzfristig zu unterbrechen. »Mama, ich muss dringend heute noch zum Augenarzt«, flehte ich am Mittag in der Küche meine Mutter an. »Bist du verrückt?« »Nein, ernsthaft krank.« »Aber es ist Samstag.« »Darf man samstags nicht erkranken?« »Warum ist es denn so dringend?« »Ich habe vermutlich eine Geschwulst im Hirn, die sich durch verschwommene Bilder, Doppeltseheffekte und Kopfschmerzen bemerkbar macht.« Das schloss meine Mutter einen Tag vor der Geburt Jesu Christi zwar kategorisch aus, empfahl mir aber, direkt nach den Festtagen einen Arzt aufzusuchen, um die genaue Ursache der Beschwerden zu erforschen – was mich allerdings sehr stutzig machte, denn wenn selbst Mama den Besuch des Spezialisten anregte, musste sie den Supergau unbewusst vorhersehen. Es blieb also keine Zeit mehr, bis nach Neujahr die dringende Notvisite aufzuschieben. »Das wäre unverantwortlich«, sagte ich bangend und begab mich zielstrebig zu Mamas eichenrustikaler Telefonbank im klassisch erkalteten Hausflur, über dessen Eingangstür mit Brot und Salz die Worte »Herr, segne dieses Haus und alle, die da gehen ein und aus« geschrieben standen. Besessen und wie von einer Zeitbombe zur Aktivität nahezu verflucht, durchsuchte ich das gelbe Telefonbuch nach einem Augenarzt, weil ich im veralteten Krankheitsbuch gelesen hatte, dass er durch Spiegelung der Netzhaut eine Tumorexistenz im Gehirn ableiten konnte. Doch das Glück meinte es nicht allzu gut mit mir – jede Praxis, die ich anwählte, hatte geschlossen. Typisch dafür war nach dem ersten Klingelton die leiernde Stimme einer genervten Arzthelferin, die zum lieblosen Einsprechen des Bandes gezwungen worden war, auf einem Anrufbeantworter: »Sie sind verbunden mit der Augenarztpraxis Dr. ..., wegen der Feiertage haben wir bis einschließlich zum siebten Januar geschlossen.« Ein Text, den ich im Laufe einer Stunde über 20 mal angehört hatte, was mich auf die grandiose Idee brachte, in einer Klinik nachzufragen, ob ein Augenarzt unfreiwillig Bereitschaftsdienst hätte. »Ja, die Praxis Dr. Risch«, teilte mir die Empfangsdame des Hospitals mit, nachdem ich sie mehrmals zur Herausgabe dieser lebenswichtigen Patienteninformation gebeten hatte. »Ich danke Ihnen herzlich«, freute ich mich über die erlösende Botschaft, die mir, falls es noch nicht zu spät war, das Leben rettete. In Windeseile wählte ich die Rufnummer eines Mannes, der über alle wichtigen Geräte verfügen sollte, die zur Spiegelung des Augenhintergrundes und zur Auskundschaftung eines möglichen erhöhten Augeninnendrucks nötig waren. Lange musste ich durchklingeln lassen – vielleicht lag Rischs Arbeitsbereich im eigenen Haus und er saß gerade splitternackt im Wohnzimmer, um an seiner Frau in überschäumender Vorweihnachtsfreude zu fummeln. Nach ungefähr einer Minute nahm eine frech klingende Dame älteren Semesters die Telefongabel ab und meldete sich tatsächlich mit »Risch«. Ich hatte unzweifelhaft die Frau des Arztes an der Strippe, die vielleicht vorher, durch das Telefon gestört, den Samen ihres vorzeitig ejakulierenden Mannes mit einem feuchten Einwegtaschentuch aus der tropfenden Vulva gewischt hatte. »Scheiße, nicht jetzt«, hatte der alte Risch vermutlich auf und in seiner Frau schwitzend gestöhnt und war wahrscheinlich nach dem Erguss zu schwach gewesen, um zum Telefon zu flitzen. »Geh du, ich muss aufs Klo«, hatte er sie prompt angewiesen, damit er in der Zwischenzeit das mit Scheidenschleim überzogene Genital mit warmem Wasser reinigen konnte. »Guten Tag, Frau Risch«, sprach ich klar und deutlich in die Telefonmuschel, »kann ich heute noch bei Ihnen einen Termin bekommen?« Die Stimme am anderen Ende der Leitung wirkte nach einer langen Atempause konsterniert: »Warum? Um was geht's überhaupt?« Ich fasste allen erdenklichen Adventsmut zusammen und schleuderte ihr meinen Verdacht entgegen: »Ich sehe seit ein paar Tagen sehr schlecht und habe schlimme Kopfschmerzen. Außerdem tut es weh, wenn ich oberhalb des Augapfels in die Höhle drücke.« Wieder eine Pause, dann überströmte mich mit herbem Tonfall die Anweisung, dann möge ich zum einen den Druck in die Augenhöhle unterlassen und nach den Feiertagen einen Termin mit ihrem Mann ausmachen. »Aber Sie haben doch Bereitschaft, so lange kann ich nicht warten. Es wird von Tag zu Tag schlimmer, und ich weiß nicht, ob ich nach den Festtagen mit möglichen Spätfolgen zu kämpfen haben werde.« Was hätte Frau Risch meiner durchdachten Argumentation noch entgegenstellen können? Sie wusste scheinbar genauso gut wie ich, dass eine Ablehnung der unterlassenen Hilfeleistung gleichzustellen war. »Dann kommen Sie sofort, hören Sie?«, ordnete sie ruppig an. »Selbstverständlich«, willigte ich mit bereits übergezogenem Mantel ein und legte auf, damit ich auf schnellstem Wege zur Praxis fahren konnte. Mutter stand gerade im Wohnzimmer und zierte die krumme Weihnachtstanne mit hässlichem Lametta, in der Küche duftete es nach Schokomakronen, die jedes Jahr auf dem Weihnachtsteller platziert wurden und nach zwei Tagen Aufenthalt im Wohnzimmer knüppelhart im Mund lagen. Vater stand mit seinem dunkelblauen Trainingsanzug am Schnapsschrank der Wohnzimmerwand und trank einen doppelten Cognac, weil ihm das alles zu viel war. Ich sagte »Adieu«, verließ das Haus und zündete den alten Passat. »Dr. Risch, ich komme«, feuerte ich mich mit den keinesfalls sexuell gemeinten Worten an. Schon stand ich vor der Tür der in der Abenddämmerung angeleuchteten Praxis. Ich tätigte sanft die Hausglocke, auf der »Augenarzt Dr. Risch« geschrieben stand, wartete ein paar Sekunden, dann öffnete sich die schwere Holztür, und unstreitig stand Frau Risch, die ich mir in den kühnsten Träumen ausgemalt hatte, vor mir. Sie war schick gekleidet, hatte zwar keine hochgesteckten Haare, war wie zuvor beim Telefonat die Unfreundlichkeit in Person und sah de facto durchgebumst aus.

Dass ich am Vorweihnachtsabend als Aperitif zum Christkind auftauchte, passte ihr anscheinend gar nicht. »Sie wollen zu meinem Mann?«, fragte sie mit der Vorahnung auf meine Antwort, die sie kannte. »Ja.« Nachdem ich ihr meine Krankenkasse mitgeteilt hatte, durfte ich auch sofort im Untersuchungszimmer Platz nehmen. »Er kommt gleich«, war der letzte Satz in unserer armseligen Konversation, den ich aus ihrem Munde hörte, dann verschwand sie auf immer und ewig in der Stille der großen Villa. Da saß ich nun, auf einem großen Sessel, vor mir ein seltsamer Apparat, durch den der Arzt meine Augen überprüfen konnte, an der Wand vor mir Buchstabenreihen in sämtlichen Größen und an der Seite fein säuberlich aufgereihte Augentropfen für diverse Kontrollen. Das Gute an meiner erzwungenen Einladung war die kurze Wartezeit. Meister Risch trampelte unüberhörbar eine Treppe hinunter und betrat den Raum. Sein Haar war fülliger, als ich es mir ausgedacht hatte, er sah ebenfalls nach After-Fuck-Party aus, und ich ahnte unter seiner langen Stoffhose einen abschwellenden Halbsteifen, den er noch vor wenigen Minuten in seiner Frau hin- und herbewegt hatte. »Guten Abend, was kann ich für Sie tun?« Risch wollte mich offenbar schnell abfertigen, vielleicht stand der Nachtisch für den erschöpfenden Beischlaf, ein mächtiger Gänsebraten, auf dem gedeckten Speisetisch; jedenfalls verlangte er von mir eine präzise Erklärung für mein wochenendliches Erscheinen. »Ich habe Kopfschmerzen, heftigen Augeninnendruck, sehe doppelt, es drückt hinter den Augäpfeln.« – Summa summarum erzählte ich ihm alles, was mich bedrückte, und aus Dr. Risch wurde ein Dr. Rasch. Kaum hatte ich meine Leidensgeschichte erzählt, schob er einen großen Kasten vor meine Augen, an dessen anderem Ende ich seine Augen sehen konnte. Er bat mich, die Buchstaben von links nach rechts zu lesen, so lange, bis ich die kleinste Schriftreihe nicht mehr identifizieren konnte. Dann zog er an beiden Augen meine Lider hinunter und tröpfelte eine ätzende Flüssigkeit aus einer der Tropfenflaschen auf die jeweilige Bindehaut. »Das tut weh«, beklagte ich mich, was ihn nicht davon abhielt, mich weiter zu schikanieren. »Gleich öffnen sich Ihre Pupillen«, beschrieb er sein abspulendes Programm. Er hielt mit einem Wattestab ein Augenlid nach unten gedrückt und durchfuhr meine durch die scharfen Tropfen geweiteten Pupillen mit einem dunkelblauen Lichtstrahl, den Patienten mit Nahtodeserfahrungen schon einmal gesehen hatten. »Was machen Sie da?«, wagte ich mich vorsichtig fragend mit der Erwartung auf eine fundierte Auskunft ran an den Speck. Ich wollte wissen, was er zu tun gedachte, um meinem Leiden auf die Spur zu kommen. »Ich spiegele Ihren Augenhintergrund und beleuchte die Netzhaut«, erläuterte Dr. Risch sein unsanftes Vorgehen. Das blaue Licht blendete mich ungemein, er sagte nicht, was er auf meiner Netzhaut erkannte, ich traute mich nicht, ihn noch weiter zu belästigen, wenngleich er begriffen hatte, warum ich kränkelte. »Ich habe den Grund für Ihre Symptome gefunden«, machte er mich neugierig. »Sie sind geringfügig kurzsichtig und benötigen noch nicht einmal eine Brille.« Er duldete keine weiteren Fragen, sondern schmiss mich abrupt aus seinem Hause, schloss hinter mir die Haustür ab und saß aller Voraussicht nach schon am festlichen Abendtisch, als ich gerade erst ins Auto eingestiegen war. Trotzdem war ich irgendwie beglückt: Alle typischen Merkmale, die auf einen Gehirntumor hingedeutet hatten, lösten sich in null Komma nichts auf. Ich sah plötzlich den dunklen, weihnachtlichen Sternenhimmel ganz klar, die Stirn präsentierte sich absolut schmerzfrei, aus den verschwommenen Bildern war unmerklich Vergangenheit geworden, jetzt durfte ich das ablaufende Jahrzehnt in vollen Zügen genießen – wohlbehütet zu Hause bei Mama und

Papa, gesund wie ein junger Stier, mit frisch aufgetanktem Lebensmut und der ungesättigten Gier nach starken Genüssen. Demzufolge gönnte ich mir an diesem Abend im Queens Pub ein paar kräftige Schnäpse, die mich diesmal nur aufgrund des Promillegehaltes doppelt sehen ließen. Torkelnd kippte ich am frühen Morgen des Heiligen Abends in unsere Haustür hinein und erschrak heftig, weil mich Mutter mit ihrem grauen Nachthemd mal wieder im Türrahmen zur Küche erwartete. Sie hatte sich vorsorglich, als sie meinen Haustürschlüssel im Schloss gehört hatte, barfuß in den Flur begeben. »Du isst die Mettwurst im Kühlschrank nicht ohne Brot«, befahl sie streng wie ein Oberlehrer. »Wieso denn nicht?«, lallte ich, während ich die Tür des prall gefüllten Kühlschranks aufriss, um mit einer Hand nach den am Tage zuvor gekauften Köstlichkeiten zu grapschen. »Weil du immer, wenn du morgens nach Hause kommst, das Essen wegisst. Das geht so nicht weiter.« Zwar hatte sie recht, aber ich sah das nicht ein. »Ich kann hier essen und trinken, was ich will. Geh ins Bett, gute Nacht«, lautete meine ebenso schroffe Antwort auf ihr ausgesprochenes Essverbot. Damit nahm der Konflikt unausweichlich eine zunehmende Härte an. Meine Mutter klopfte mir wild auf die Finger, die die Kühlschranktür bis dato festhielten, und brüllte »Verdammt noch mal« durch das Haus; mein Vater wurde dadurch aus seiner

REM-Phase* gerissen und stand kurze Zeit später, ohne dass wir ihn gerufen hatten, in seinem grünen Bademantel in der Küche. »Was ist hier los?«, schnauzte er mich heftig an. »Warum? Sie ist das schuld«, deutete ich auf meine Mutter, die alles zusammengeschrien und die nächtliche Ruhe gestört hatte. »Nein, er will die Mettwurst ohne Brot essen, wenn er betrunken ist. Das ist zu teuer«, machte sie meinem Vater die Situation mit lauter Stimme deutlich, zeigte auf die Wurst in meiner rechten Hand, die ich trotz Mutters Schläge dem Kühlschrank entnommen hatte und in die ich wegen eines starken Hungergefühls just in diesem Moment zu beißen drohte. »Halt«, lärmte nun auch mein seines wertvollen Schlafes beraubter Papa, »du isst entweder die Wurst mit Brot, oder du bekommst gar nichts zu essen«, was meine Mama sofort begrüßte. Ich war in einer Sackgasse gelandet: Der Hunger hatte mich an die Wurst getrieben; ich wurde gezwungen, entweder auf sie zu verzichten oder mit Brot zu verspeisen. Also entschied ich mich unter Beobachtung für die zweite Variante. So endeten die Achtzigerjahre.

* Rapid-Eye-Movement-Schlafphase mit schnellen Augenbewegungen und heftigen Träumen

Zeitalter des unkontrollierten Tittenwuchses

Ein neues Jahrzehnt war zu Leben erwacht: Kaum hatten die Neunzigerjahre Einkehr gehalten, bildeten sich erneut dunkle Wolken an meinem persönlichen Himmel. Mein Studium neigte sich erfolgreich dem Ende zu, ohne Abschluss. Meine Freundin Miriam musste sich täglich einmal meine Titten anschauen – ich hatte unglaublich viel Angst davor, dass sie unkontrolliert wachsen könnten. Obwohl Miriam regelmäßig meine Tittenwuchsfurcht einzudämmen versuchte, beobachtete ich morgens im Spiegel heimlich die kleinen, zarten Nippel, die mit ihrem braunrötlichen Farbton dezente Langeweile ausstrahlten. Ich hielt eine durch einen über sämtliche Jahre maßlos betriebenen Kortikoideinsatz bedingte Hormonausschüttung als Ursache für männliche Busen möglich. Schließlich hatte ich seit der Diagnose Neurodermitis an Cremes und Salben, in denen sich die entzündungshemmende Substanz befand, nicht gespart. Anscheinend sollte ich dafür nun mit kräftigen Brüsten büßen. Als

Mann hätte ich mich eigentlich darüber freuen können – schon immer wollte ich Busen mit kirschgroßen Hauben nicht nur bestaunen, sondern auch sach- und fachgerecht anfassen; die Aussicht auf die eigenen hingegen motivierte mich jedoch noch nicht einmal ansatzweise. Was blieb mir demnach anderes übrig, als mich mit der Aussicht auf eine deutliche Leidenslinderung erst einmal mit Miriams Brüsten intensiv zu beschäftigen. Zusätzlich versuchte ich mich in einem selbst auferlegten Heimstudium zu schulen. Getreu dem Motto »rette, was zu retten ist« kramte ich alte Schulbücher vom Dachboden hervor, schleppte sie in mein Zimmer, das kurz vor der Selbstauflösung stand, und las abends im Bett, was ich in 13 Schuljahren bis zum Abitur, besonders im Fach Geschichte, vergessen hatte.

Mein Kumpel Gerd hatte im Übrigen in der Zwischenzeit eine gut bezahlte Festanstellung in der Essener Pornofilmfirma angenommen, sein Penis hatte sich an die im wahrsten Sinne des Wortes harten Arbeitsbedingungen gewöhnt. »Nur manchmal werde ich noch geil«, verriet er mir während eines Telefonats, bei dem ich ihm zu seiner neuen Position herzlich gratulierte. Dies war leider auch das Ende für unsere gemeinsame Schaffensperiode in dem Bochumer Tonstudio: Gerd war täglich in den Gemäuern, in denen heftig gestöhnt wurde, anzufinden, und ich zog mich mal wieder wie ein süßes Muttersöhnchen im elterlichen Hause zurück. Das hatte auch sein Gutes: Meinen Vater konnte ich im Gegensatz zu meiner Mutter von einer sinnvollen Neuninvestition in mein Zimmer überzeugen. »So ein Blödsinn«, schrie mich Mama unterdessen in der Küche an, »die Möbel sind doch noch gut.« Was sie auch immer darunter verstand – in dem alten Raum hätte ich nie mehr einen hochbekommen. Allein der Anblick des alten Edelweißbildes auf einem der Regale ließ meine Hormone kotzen. Vielleicht hatten sich durch die seltsame Mischung aus Sperrmüll und billigen Pressplatten aus Ersatzholz, sozusagen wegen Konfusion, Östrogene gebildet, die den Tittenwuchs begünstigt hatten. Meine Schwestern ahnten eher die Bildung von Fettgewebe im Brustbereich, ausgelöst durch den Suff. Doch wie auch immer meine Prachteuter zustande kamen: Ich war fest entschlossen, das Zimmer des jugendlichen Grauens ein für alle Mal auszuradieren. Nach tagelangem Gejammer, das selbst ich als Initiator bald nicht mehr hätte ertragen können, wurde Papa weich und steckte sein mit Scheinen gefülltes Portemonnaie in die Hosentasche. »Wir fahren nach Koblenz«, betonte er und meinte damit in der Tat das große Industriegebiet rund ums Deutsche Eck, in dem sich zahlreiche kleinere und größere Möbelhäuser befanden. Das hörte sich verdammt gut an. Konnte ich mir als Lohn meiner Geduld ein großes Wasserbett aussuchen, in dem mir die nackten Damen den Weg zum vollendeten Tittenwuchs zeigten? Würde Papa zusätzliche Knete in einen aus 24 Karat reinem Gold bestehenden Champagnerkühler stecken, der am Bettchen die teuersten Leckereien wohltemperiert lagert? Gleich sollte sich beweisen, was mein Schöpfer mit meiner Zimmerausstattung vorhatte, wenngleich sich zu allem Unglück auch meine Mutter nicht von der Fahrt abwimmeln ließ. »Ich sitze vorn«, johlte sie vor dem Auto, womit die längst verjährten Sitzgewohnheiten aus den alten Italienurlauben wieder zum Vorschein kamen. Schon wieder musste ich hinten sitzen und ihre Haarspraywolke unfreiwillig inhalieren. Schon wieder rauchte Papa sein arabisches Kraut und hustete ab und zu seinen berühmten, grünlichen Wackelpudding aus den Bronchienverästelungen in die geeichte Mundhöhle. Das alles erduldete ich stillschweigend, in der Hoffnung, mit einer fürstlichen Suite belohnt zu werden. Als mein Vater allerdings schnurstracks das preiswerteste Möbellager an der Bundesstraße ansteuerte, lösten sich meine kühnsten Erwartungen wie eine flirrende Fata Morgana auf. Die Alten wollten mich doch tatsächlich mit billigem Barackeninventar abspeisen. »Du hast dich auch nicht verfahren?«, wollte ich sicherheitshalber wissen, verbunden mit dem wirren Restglauben, Papa ließe sich dadurch bekehren. »Warum sollte ich?«, fragte er schon fast empört, schaute in den Rückspiegel und zog danach tief seine tägliche Portion an Teerkondensaten in die pechschwarze Raucherlunge. »Hauptsache, preiswert«, bekräftigte meine Mutter die Anfahrt zum Parkplatz, mit der ich in diesem Moment keine allzu großen Hoffnungen mehr verband. Zu Recht, wie sich in der riesigen Lagerhalle herausstellte: Meine Eltern einigten sich auf ein preiswertes Bett aus Birkenholz, das wahrscheinlich spätestens beim Bumsen zusammenkrachen sollte. Kleiderschrank und Schreibtisch machten keineswegs einen robusteren Eindruck; demnach war mein Projekt, neue Lebensqualität durch ein feines Wohnambiente zu schaffen, bis zum Anschlag gescheitert. Das Gleiche galt auch für alles andere, was ich, außer meinem Glied, anfasste. So blieb eine gewisse depressive Verstimmung nicht aus, mit der ich mich durch die anstehenden Tage quälte.

Gründliche HIV-Prophylaxe

Mit Miriam im Hintergrund änderte sich mein nicht vorhandenes Berufsleben: Sie animierte mich zum Besuch meines Pornofreundes in der Essener Firma. Kaum hatten wir die Unternehmensräumlichkeiten betreten, hatte ich bereits einen Harten. Über diverse Monitore flimmerten, wie von Gerd ein paar Monate zuvor treffend beschrieben worden war, die wildesten Sauereien, die man sich im HIV-Zeitalter kurz nach Freddie Mercurys Tod am besten nur auf der Leinwand anschauen sollte. Zwar versuchte die Bundeszentrale für gesundheitliche Aufklärung in teuren Kampagnen die Bevölkerung von der unbegründeten Angst vor Ansteckungsgefahr durch bloße Berührung zu überzeugen; ich kannte aber niemanden, der sich im Zweifelsfalle nicht mehrfach die Hände desinfizierte. Besonders seit dem qualvollen Siechtum des Queen-Sängers wurde die schon seit Jahren bekannte AIDS-Hysterie noch einmal geschürt, zum Wohle der Pornoindustrie. »Uns geht es gut«, prahlte Gerd mit den Umsätzen seines Unternehmens und motivierte mich, ein Drehbuch für einen Porno zu schreiben.

»Pro Drehbuch gibt es tausend Mark«, versuchte er mich zu ködern. Das klang sehr verlockend. Also sprach ich mit einem der größten Schmuddelsexfilmproduzenten Europas, Nils Fandor, über meine zukünftige Betätigung. »Sie müssen schnell zur Sache kommen. Die Leute wollen keinen allzu langen inhaltlichen Schlenker sehen«, faselte er mich voll. »Schreiben Sie mir bis nächste Woche mal ein solches Drehbuch.«

Da hatte ich den Salat: Zum ersten Mal seit den Abiturprüfungen stand ich unter Druck, nur ging es diesmal nicht um den Wert von Shakespeares Macbeth im ausklingenden 20. Jahrhundert, sondern um die Befriedigung der Truckergeilheit an deutschen Tankstellen. Wie sollte ich innerhalb von sieben Tagen ein im wahrsten Sinne des Wortes scharfes Buch geschrieben bekommen?

»Ich unterstütze dich«, sagte Miriam, was mich offensichtlich etwas erleichterte. Während ich am Schreibtisch die dreckigsten Zeilen Mitteleuropas formulierte, tippte sie mit Papas alter Schreibmaschine die Ferkeleien auf Papier. Auf der einen Seite fand ich die Anknüpfung an diese besondere Industrie ein wenig befremdlich, auf der anderen Seite dachte ich daran, in ein paar Wochen ein frisches Geldbad nach Onkel-Dagobert-Art nehmen zu können. »Dann verdiene ich meinen Lebensunterhalt eben mit unanständigen Dingen«, willigte ich, schon allein um mich selbst dafür zu begeistern, in das Bündnis mit dem gewachsenen Pornobusiness ein. Nach rund einer Woche hatte ich nicht nur einen wunden Pipimann, sondern auch das Buch fix und fertig. Miriam taufte es auf den Titel »Geiles Fleisch«, ich schickte es per Einschreiben mit Rückschein an den Produzenten, und ab da wartete ich und wartete ich und wartete ich. Ich bin mir sicher, ich würde heute noch warten, hätte ich nicht nach ein paar Monaten bei der Firma angerufen und mich nach der Beurteilung meiner Lektüre erkundigt. »Ja, es war sehr gut, aber ...«, wertete Herr Fandor das mit dicken Möpsen, strammen Schwänzen und feuchten Mösen vollgestopfte Schundwerk. »Aber was?«, wollte ich wissen. »Es ist zu kompliziert«, rückte er ungeschminkt mit der Sprache heraus, auf die ich bis zum Tode gehofft hätte. »Wir können keinen Hardcorestreifen in einem Gerichtssaal drehen.«

Aha, das war also der Grund: Ich war mit meiner Szenenlocation zu weit gegangen. Hätte ich den sinnlosen Inhalt, der sich ohnehin nur um das eine drehte, in eine simple Hausfrauenküche verlagert, wäre ich heute Starautor in der Erotikbranche. Aber einen Richter mit einer Verurteilten kopulieren zu lassen, fand anscheinend nur ich spannend. Damit war eine Woche harter Arbeit so unbrauchbar wie Sisyphos' Strafe in der Unterwelt. Kein Porno, kein Geld, kein Job. »Dann mach doch was anderes«, forderte Miriam und wurde so langsam ungeduldig, weil ich immer noch mittags aufstand und abends frühstückte. Da fiel mir wie ein Glücksstern eine Erleuchtung vom Himmelszelt: Ich bewarb mich als Moderator bei einem nahen Hörfunksender in Koblenz. »Das klingt auf jeden Fall super«, fühlte ich mich ziemlich sicher. »Dann quatsche ich ein bisschen und verdiene mich dumm und dämlich.« Ein Trugschluss, wie sich bald herausstellen sollte, denn als ich beim Programmleiter des Radiostudios vorsprach, war von Moderation keine Rede mehr, eher von der trüben Aussicht, in dem Hause ein unbezahltes Praktikum machen zu können. Was das hieß, konnte ich mir vor meinem Dienstantritt noch nicht ausmalen: All das, was die angehimmelten Stars des Unternehmens nicht machen wollten, wurde mir aufgetragen. Mit schwerem Reportergerät auf den Rücken geschnallt, ließ ich mich von alten Omas auf der Straße anpöbeln, die keine Lust hatten, meine Fragen zu beantworten. Aber die Zeit dort als ein Niemand ohne Wert war die beste Schule meines Lebens: Ich musste zum ersten Mal nach mehreren Jahren vormittags aufstehen, was mich an den Rand des Kreislaufkollaps führte. Ich musste pünktlich erscheinen, was ich bis heute nicht geschafft habe. Ich musste abends schweren Herzens Termine wahrnehmen, während meine Saufkumpels mit vier Promille durch die Stammkneipe wankten, und wurde gezwungen mich zu konzentrieren, was ich zuletzt bei der Beantwortung der letzten Frage in der mündlichen Abiturprüfung getan hatte. Nicht nur das: Morgens stieg ich in mein neues Auto, einen alten, roten Mercedes, fuhr von meinem Heimatort nach Köln und rasierte mich während der Fahrt, weil ich, wie immer, zu spät das Haus verlassen hatte. Wenn ich dann eine Stunde später als erwartet in Köln ankam, berichtete die Sekretärin, »der AIDS-kranke Techniker, der den Kopierer wartet«, sei mal wieder da gewesen, weil »die Scheißkiste nicht funktionierte«. Allein die Vorstellung, dass eine HIV-positive Person ein technisches Gerät angefasst hatte, versetzte mich verstärkt in helle Aufregung: Sollte ich ein angekommenes Fax kopieren oder nur Papier nachfüllen, ging ich entweder in die Pause oder wusch nach der äußerst unangenehmen Prozedur mindestens zwanzig mal die Finger ab, weil ich mich, davon war ich felsenfest überzeugt, ansonsten aus ungeklärten Gründen hätte anstecken können. Auch mit der mehrfachen Säuberung der Toilettenschüssel, der ungewöhnlich dicken Papierauflage auf der Brille und der nassen sowie trockenen Anusfurchenhygiene wiegte ich mich vor der unheilbaren Horrorvision AIDS einigermaßen in Sicherheit und war dennoch verzweifelt, hatte ich doch ein paar Jährchen zuvor meinen ausgewachsenen Piepmatz gummifrei in einer jungen Dame bearbeitet, die zwar einen gesunden Eindruck gemacht, aber sich nie einem HIV-Test unterzogen hatte. Warum auch? Das Thema AIDS war ja erst seit der zweiten Hälfte der Achtzigerjahre in der Provinz angekommen und somit in aller Munde. Aber ich war mit Miriam zusammen und sie hütete den blutgefüllten Schlingel wie ein Juwelier seinen kostbarsten Brillanten. Überdies hatte die HIV-Paranoia auch einen positiven Nebeneffekt: Ich war nicht mehr so extrem krebsfixiert. »Darauf müssen wir anstoßen«, freute ich mich an einem sonnigen Pfingsttag und schlug Miriam vor, ein dämliches Volksfest in der Rheinstadt Neuwied zu besuchen. Etwas Romantischeres war mir nicht eingefallen, sodass wir zeitgleich zu hartgesottenen Freunden, die bei der meist verregneten Open-Air-Veranstaltung »Rock am Ring« im Fäkalschlamm badeten, über den menschenleeren Volksfestplatz marschierten, um eine langweilige Geisterbahn zu besteigen und danach auf der Berg- und Talbahn rückwärts zu fahren. Dann fiel mir wieder auf, dass ich die Schausteller in meiner Kindheit heimlich verehrt hatte, wenn sie schwindelfrei mit aufgeklapptem Sicherheitsbügel in einem Wagen vor mir während der schnellen Karussellfahrt stehen geblieben waren. Ich hatte es auch toll gefunden, wenn ihre Frauen mit oft verfetteten Haaren an der Kasse in das von einer Rotzfahne verhüllte Billigmikrofon die Worte »Zusteigen, dabei sein, auf geht's!« nahezu unverständlich gebrüllt hatten. Doch diese Zeit war vorbei, auch wenn ich ein paar Monate vor meiner Arbeit beim Radio beinahe dem bekannten Schaustellerbetriebsappell »Junger Mann zum Mitreisen gesucht« aus finanziellen Gründen gefolgt wäre. Mit mir ging es indessen langsam aufwärts: Ich wurde fest angestellt, hatte immer mehr Geld, bezog eine eigene Wohnung, war treu, arbeitete viel, kiffte nicht mehr und wurde so bodenständig wie meine Eltern, in deren Garten mehrere Gartenzwerge ähnlich wie ich dahinvegetierten. Nur die Krankheiten blieben: Ich hatte mir ganz fest vorgenommen, irgendwann einmal unerkannt mein Blut auf den HIV-Virus testen zu lassen, »nur um auf Nummer sicher zu gehen«, wie ich Miriam verriet. Sie massierte täglich meine Lymphbahnen, erkannte dabei »keine fühlbaren Schwellungen«, doch der Schein trog.

Seltener Peniskrebs

Die Jahre vergingen wie im Flug: Aus mir war ein volontierter Redakteur geworden, der die Geschäfte im Kölner Hörfunkstudio des Radiosenders betreute. Mit den Jahren entschwand auch Miriams Liebe zu mir – sie distanzierte sich jedenfalls immer häufiger, was mir überhaupt nicht bekam, denn ich konnte seit meiner Kindheit einfach nicht allein sein. Schon damals hatte ich, wenn meine Eltern saufen gegangen waren, in die Hose geschissen, weil ich gedacht hatte, sie würden mich auf immer und ewig im Stich lassen. Das hatte sich bis ins Erwachsenenalter auch nicht mehr geändert: Wenn Miriam ausging, tapste ich wie ein kleiner Pudel hinterher – ob sie wollte oder nicht. Ich war ihr Anhängsel, vergleichbar mit meiner nervigen, wenn auch harmlosen Zyste an den Nebenhoden. Dass sie das sehr störte, bemerkte ich in meiner grenzenlosen Blödheit erst an ihrem fehlenden Willen, die Wäsche in unserer gemeinsam bezogenen Wohnung zu bügeln. Ich dagegen hatte dies ohnehin immer vermieden, weil Mama in der Regel das heiße

Bügeleisen abends in der Hand gehalten und gleichzeitig im Radio die Schlagerwunschsendung des Südwestfunks, »Vom Telefon zum Mikrofon«, gehört hatte. Demnach blieben in der Endphase meiner Beziehung zu Miriam bergeweise knitteriger Klamotten in meinem Arbeitszimmer, das als solches nicht einen Tag lang genutzt worden war, liegen. Wären wir unter diesen Umständen heute noch zusammen, hätte der Kleiderberg die Höhe der Zugspitze längst überschritten, doch dazu sollte es nicht mehr kommen. Miriam beschloss eines Abends, auf Solopfaden etwas trinken zu gehen, was ich ihr mit meiner außerordentlichen Vereinsamungspanik mal wieder nicht erlaubte. Ich trottete ihr hinterher und wusste es dennoch ganz genau: Sie verabscheute meine hündische Ergebenheit, an der ich gleichwohl nichts mehr ändern konnte. Und so passierte, was passieren musste – es spielte sich eine Kettenreaktion an dramatischen Ereignissen ab: Zuerst redeten wir in der Kneipe, wie schon seit Monaten auch zu Hause, nicht mehr miteinander. Dann beschimpften wir uns heftig und laut, als wir mehrere Frustschnäpse in uns hineinkippten, wankten mit Brechreiz spät in der Nacht nach Hause und machten kurz vor dem Einschlafen im Bett miteinander Schluss – genauer gesagt: Miriam beendete die Beziehung, die keine mehr war, was meine völlige Verzweiflung nach sich zog. »Ich bin ganz allein auf dieser großen, weiten Welt«, klagte und weinte ich in ihrer noch vorhandenen Gegenwart. »Das überlebe ich nicht.« Es waren derbe Worte, die sie an ihrem Handeln zweifeln lassen sollten, aber sie zog ihren Beziehungsstopp mit eiserner Härte durch. Kaum war der darauffolgende Tag angebrochen, hatte Miriam die Wohnung bereits fein säuberlich verlassen, den Haustürschlüssel auf den Küchentisch gelegt und ihre ungebügelten Wäschestücke eiligst verpackt und mitgenommen.

Ich stand auf und war Single, ohne es sein zu wollen. Was mir blieb, war die Flucht zu meinen Eltern, die zu allem Übel in mein altes Zimmer die bereits zu Humus gewünschten Jugendmöbel wieder aufgebaut hatten. Doch ich fand es besser, vorübergehend in der alten Wichskiste zu übernachten, als nur eine Nacht mit dem Status eines verlassenen Eigenbrötlers in meiner Wohnung eine Überdosis Schlaftabletten einzunehmen. Aus dem geplanten Intermezzo wurde aber immerhin fast ein Halbjahr mit allem, was mein Herz nicht mehr begehrte – Mutters Nörgeleien inklusive wilder Putzorgien, nächtlichen, brotlosen Mettwurstverzehrsverboten, nächtlichem, messbar lautem Vaterschnarchen oder wahlweise -furzen und der spätabendlichen Frage: »Wo kommst du denn her?« Es hatte sich seit meinem Auszug vor drei Jahren nichts Gravierendes verändert, außer dass ich mir ohne Partnerin plötzlich ziemlich lahmgelegt vorkam; eine Situation, die sich in der Karnevalszeit jedoch schnell ändern sollte. Gestern noch solo, lernte ich auf einer ziemlich dümmlichen Fastnachtsfeier Ariane kennen. Komischerweise fand ich sie damals nett, aber das konnte auch an meinem Alkoholkonsum gelegen haben. Ich besuchte sie, was selten vorkam, auch noch nach Aschermittwoch und schwor ihr ewige Treue, was ich Gott sei Dank nicht mit der Bibel vereidigte.

Ein halbes Jahr später hatte ich sie jedenfalls bereits mit einer jungen Messehostess mit Namen Judith auf einer einwöchigen Veranstaltung, bei der ich als Radioredakteur moderierte, faustdick betrogen. Diese Judith kellnerte in dem heißen Messezelt, um als Studentin wenigstens ein paar Groschen zu verdienen, und genau diese sommerliche Hitze nutzten wir beide zu einem nächtlichen After-Show-Fuck in meinem neuen Auto, einem viel zu engen Renault Clio. Wenn ich gewusst hätte, welche ungeahnt schrecklichen Folgen das Gerammel nach sich ziehen sollte – ich hätte es gelassen. Ich weiß noch, wie ich morgens mit heruntergelassener Hose in den Kniekehlen im Auto aufwachte, das am Rande eines Kornfeldes stand. Ich war sturzbesoffen und der leere Beifahrersitz voller Flecken. Schnell wusch ich mich und meinen ausgelaugten Dödel in einem Café nahe der Messestätte, an der ich ein paar Stunden später in der Unterhose von gestern wieder moderieren sollte. Grausam, grausamer, am grausamsten fühlte ich mich: tiefe, dunkle Ränder unter den Augen, bläuliche

Knutschflecke am Hals, zerzaustes Haar, pelziger Geschmack auf der Zunge und ein mächtiger Schwellkörperkater – das alles war vielleicht etwas zu viel des vermeintlich Guten gewesen. Als Judith quietschfidel die Messehalle betrat, auf deren Bühne ich gerade stand, mochte ich gar nicht hinschauen. »Oh Gott, was hast du da gemacht?«, fragte mich mein aufgebrachtes Unterbewusstsein. »Das machst du nie mehr«, schwor ich mir und bestieg meine Messebekanntschaft noch am selben Tag abends in dem entjungferten Auto zum zweiten Mal, diesmal an einem waldigen Parkplatz mit Sicht auf eine Talsperre. Danach tat mein Penis richtig weh. Kaum hatte ich Judith anschließend nach Hause gefahren, betrachtete ich, nachdem ich mal wieder in einen Waldweg abgebogen war, das gute Stück im Lichtschein einer Taschenlampe: Die Eichel litt nach der Überbelastung an einem heftigen Burn-out-Syndrom und leuchtete feuerrot, der Schaft war durch das ein oder andere Hämatom gezeichnet. Aber viel schlimmer war das, was ich bei der Erforschung der Vorhautunterseite entdeckte: An deren dünnem Band, das die Haut mit der Eichel verknüpfte, befand sich ein frisches, weißes Bläschen, das juckte und zugleich wehtat. Zugegebenermaßen überfiel mich bei näherem Hingucken blitzartig ein entmenschter Schauder – ich sorgte mich offensichtlich mal wieder um meine Gesundheit, nicht ganz zu Unrecht, wie sich herauskristallisieren sollte. Angstschweißperlen kullerten an meinem Rücken bis in die Arschritze hinunter: Hatte sich als Strafe für meine Sünde ein seltener Peniskrebs unterhalb der Schwanzspitze gebildet? War ich mit der Fusion von Suff und Sex ein wenig zu weit gegangen? An Verhütung jedenfalls konnte ich mich nicht mehr erinnern, auch wenn ich den Rest der Abläufe noch präzise vor Augen hatte. »Nie wieder«, sagte ich zu mir und konnte nur hoffen, dass es noch nicht zu spät war. Nicht dass ich doch ein paar Monate später ähnlich wie Freddie Mercury abgemagert auf Messebühnen »The Show must go on« sang. Nicht dass Judith ein paar Wochen später nachmittags liebend gerne saure Gurken mit Sahne aß, weil sich in ihrem Bauch ein kleines Wesen mit Händen und Füßen entwickelt hatte. Nicht dass mein Hausarzt die Blase am Pimmel als seltenen, aber tödlichen Tumor diagnostizierte. Nicht dass Ariane, die ich ja zweifelsohne betrogen hatte, etwas merkte. Ich war ausnahmslos unglücklich und begab mich auf direktem Wege nach Hause, reumütig, verlogen, ausgebrannt, schwer krank. Das waren die Folgen eines wahrhaft blöden Seitensprungs. Zwar hatte ich mich mit Ariane nicht mehr gut verstanden und ohnehin in Erwägung gezogen, sie zu verlassen, aber dass ich diese Spannung direkt mit einem zusätzlichen Betthupferl zierte, war mehr als armselig und unentschuldbar.

Wie ein Bußgänger öffnete ich in verlottertem Zustand die Haustür, im Gepäck hatte ich eine schmerzende Dödelblase. Mutter erschrak zwangsläufig und seufzte nach meiner zweitägigen Abwesenheit ihren Klassiker: »Wo kommst du denn her?« »Wieso? Ich war auf der Messe. Wir mussten länger arbeiten.« »Aber doch nicht zwei Tage am Stück.« »Leider ja«, antwortete ich und meinte unweigerlich auch meine weniger glorreichen Taten in der jungen Dame.

Am nächsten Morgen saß ich als erster Patient im Wartezimmer meines neuen Hausarztes Dr. Hiehler, den ich nach Tatteys mehrmaligen Fehlinterpretationen aufgesucht hatte. »Wo drückt es denn?«, fragte er salopp, und ich gestand ihm zwar nicht meine wilde Bumsorgie, aber das Vorhandensein jener merkwürdigen Blase, die seit ein paar Stunden meine Lebensqualität deutlich einschränkte. »Dann zeig mir mal die Blase«, empfahl Hiehler mit sanfter Stimme. Die Worte hatte ich noch nicht zu Ende gehört, da baumelten bereits meine Hosenbeine an den Schuhen, sodass der Meister einen unvergesslichen Ausblick auf den Allerwertesten genießen durfte. Ich zeigte ihm furchterfüllt die größer gewordene Quaddel, die er sorgfältig, ohne sie anzufassen, begutachtete. Hatte er bereits beim ersten Anblick das Unheilvolle, eine rare Geschwulst am Glied, erkannt und dachte über die geschickte Wortwahl nach, mit der er mir das Ende meiner

Männlichkeit verkaufte? Rang er nach Worten, um das Unaussprechliche erträglich zu präsentieren? Es dauerte lange, bis er seinen Kopf hob und urteilte. Er war, so schien es mir, peinlich berührt. »Es handelt sich um eine Herpesblase, die durch einen sexuellen Kontakt zustande kommen kann«, entglitt es langsam aus seinem Mund, und ich hatte den vagen Eindruck, dass er sehr bedacht nach der richtigen Formulierung gesucht hatte. »Außerdem ist eine gewisse mechanische Überreizung schuld an der Schmerzsensibilität«, fügte er dosiert hinzu, obwohl er am liebsten gesagt hätte: »Bums nicht so viel, der Schwanz ist ja total kaputt.« Ich verstand auch so. »Was kann ich tun?«, zögerte ich ein wenig mit der Frage, musste sie aber stellen, das Alimentekabel bedurfte schließlich einer intensiven Pflege. »Nun, ich verschreibe dir eine Zinkpaste, mit der du morgens nach der Dusche dein Glied einreibst. Keine Sorge: Davon verfärben sich das Genital und die Unterhose intensiv gelb, aber du kannst es ja jeden Morgen abwaschen. Das Zink trocknet die Blase aus und heilt sie ab.« Das war eine sehr gute Nachricht: Es war definitiv kein Peniskrebs. Ich zog mich wieder an und dankte meinem neuen Heiler, der mir, als ich gerade sein Zimmer verlassen wollte, noch einen wertvollen Tipp auf den Nachhauseweg mitgab: »Bitte bis zum Abheilen der Blase keinen Beischlaf.« Deutlicher hätte er nicht aussprechen können, dass ich mir eine zähe und unangenehme Geschlechtskrankheit eingefangen hatte. Wie sollte ich das wohl Mutter und der ungeliebten Ariane verkaufen? Ich wusste nicht, wie ich das vermitteln konnte, und machte mir beim Gang zur Apotheke ernsthafte Sorgen um meine private Zukunft, weil sich in meiner Hose ein geschlechtskranker Dämon befand, der es im wahrsten Sinne des Wortes viel zu weit getrieben hatte. Deshalb gönnte ich mir hinter der verschlossenen Badezimmertür zu Hause zuerst einmal eine große Portion der haftenden Zinkpampe, mit der ich gewaltig die juckende Pocke überdeckte, die ich mir in Judith eingefangen hatte. Sollte ich ihr das erzählen, und wenn ja, wie sollte ich das formulieren? »Hör mal, mein Schwanz hat sich in dir angesteckt. Wasch dich gründlicher!«, wäre genauso unerhört wie die medizinische Variante »Lass dich vorsichtshalber mal auf Vaginalherpes untersuchen, meine Liebe, nur zur Sicherheit!«. Also entschied ich mich für die preiswertere dritte Variante, bei der ich eventuell anfallende Benzin- und Telefonkosten sparen konnte: Ich ließ die Sache mit Judith erst einmal ruhen, auch wenn sie, nachdem ich in meinem Heimatort genau zu dieser Zeit eine neue Wohnung bezogen hatte und mich blöderweise ins örtliche Telefonbuch hatte eintragen lassen, meinen Anrufbeantworter mehrfach besprach. Todesmutig rief ich sie irgendwann mal an und versuchte ihr schonend die Existenz meiner Beziehung beizubringen, die, obwohl diese schon scheintot zu sein schien, sie nicht zusätzlich belasten sollte. Dementsprechend brach der Kontakt schnell ab, aber auch das Bläschen heilte schnell zu. Mutter hatte zwar öfter gefragt, ob ich seit geraumer Zeit in die Unterhosen pisste. Die starke, durch Zink verursachte Gelbfärbung war ja schließlich unübersehbar, und da sie auch nach meinem zweiten Auszug weiterhin einmal die Woche ein geschnürtes Paket mit Dreckwäsche ins Haus geliefert bekam, konnte ich die vorhergesehenen Nachfragen nicht abwenden. »Ich habe sehr starke Neurodermitiskrusten am Sack, Mama. Dr. Hiehler meinte, die gelbe Zinkpaste könnte helfen«, erläuterte ich die Färbung der Unterhosenstellen, an der auch riechende Urintupfer den natürlichen Anstrich der Unterwäsche manipulieren konnten. »Konnte der Arzt nichts anderes verschreiben? Das lässt sich kaum herauswaschen«, beschwerte sie sich. »Leider nicht, das Einzige, was hilft, ist Zink«, setzte ich nach, womit ich auch ihre berechtigte Gegenargumentation durchbrach.

Etwas aufwendiger gestalteten sich meine holperigen Auslegungsversuche bei Ariane. Mit gelb beschmiertem Glied konnte ich keine echten Begeisterungsstürme entfachen, meine Körperzonen unterhalb der Gürtellinie büßten stark an Attraktivität ein, vielleicht auch, weil ich zu transparent mit der Veranschaulichung des betroffenen Bereiches umging. Dennoch reichte ich ihr den durchdringenden Gelbstich meiner Genitalien unzensiert dar, vielleicht mit dem unterbewussten Wunsch, sie möge sich nach dem unappetitlichen Anblick von mir trennen, doch leider erreichte ich mit der Entstellung meiner Früchte das Gegenteil: Sie blieb bei mir, ob aus Mitleid oder Verständnis. »Dumm gelaufen«, fasste ich das Ergebnis zusammen. Mit der abheilenden Blase, dem ausgeschlossenen Peniskrebs, der verbannten Messefreundin und der erstarkten Beziehung zu Ariane fehlte in meinem Leben nur noch ein kleiner Schrebergarten mit selbst angebauten Kohlrabi. Ich hatte alles erreicht, was man zum Überleben brauchte: eine Frau, mit der ich mich bis in den Sarg langweilen konnte, eine sozialversicherungspflichtige Arbeit von Montag bis Freitag und am Wochenende sinnloses Zappen durch die Fernsehprogramme. Bravo!

Fettsucht mit getrübtem Blick

»Das kommt davon, wenn man mit einer öden Partnerin auf dem Sofa stirbt«, erkannte ich relativ rasch nach meiner selbst verordneten Askese. Seit ein paar Monaten blieb ich dummerweise zu Hause und aß an Wochenenden den sauren Stachelbeerkuchen meiner erwarteten Schwiegermutter. Meist hatte die Gute bereits samstags zuvor die Gelatine über die behaarten Früchte gegossen, sodass ich sonntags an der gedeckten Kaffeetafel unter der meterdicken, übersüßten Schwabbelsülze des Kuchens die harten Beerenborsten erkennen konnte, die Minuten später in meinem ausgeleierten Magen landeten. Wenn wir nicht in der Vorstufe meiner persönlichen Leichenhalle, also im Garten der vermeintlichen Schwiegereltern, dösten, fuhren wir natürlich mit meinem Auto auf Nachdruck Arianes zu ihrer bäuerlichen Verwandtschaft in den Hunsrück, damit ich dort mit ihrer Tante, die nach kaltem Schweiß stank, den gleichen Kuchen hinunterwürgen durfte. Wenn Ariane freitags mit Freudentränen im Gesicht vom Hunsrück sprach, war das

Wochenende de facto gelaufen: Dann fuhren wir in der Regel samstags in ein beschissenes Kuhkaff unweit des Flughafens Hahn, saßen mit ihren rotbackigen Cousinen auf der gefliesten Terrasse eines Onkels, und sie unterhielt sich dabei vergnügt über ihre gemeinsamen Kindheitserinnerungen, die mir, milde ausgedrückt, am Arsch vorbeigingen. Zeitgleich kompensierte ich meine verlorene Freizeit mit dem Genuss eines lokalen Flaschenbieres, von dem ich auf dem voll besetzten Balkon mehrere in mich hineinschüttete. Das hatte den riesigen Vorteil, dass ich abends betrunken und gesättigt war, sodass ich nicht mehr die abscheulichen Wurstschnittchen der Lieblingstante anrühren musste. Ariane konnte von derlei Wochenendvergnügungen nicht genug kriegen, wobei mir immer wieder in den Sinn kam, sie zum zweiten Male zu betrügen. »Besser als im Hunsrück an Fettleibigkeit einzugehen«, dachte ich im stillen Kämmerlein, weil ich in der Tat schauderhaft zugenommen hatte. Verzweifelt hatte ich in Mamas berühmtem Krankheitsbuch nach der Ursache gesucht, war im typischen Fünfzigerjahre-Schreibstil auf eine mögliche krankhafte Fettsucht mit zusätzlichen Gewebswassereinlagerungen gestoßen und demnach felsenfest von dem späten Ausbruch dieser Krankheit überzeugt. Würde ich ein paar Monate später mit stämmigen Beinen als dickster Mann des Rheintales durch meinen Heimatort trampeln, unter den oberschenkelbreiten Armen wie ein Saunagänger auf der dritten Stufe schwitzen, den Adamsapfel unter meinem Dreifachkinn verbergen oder gar im Modehaus Kühne Sonderanfertigungen in Übergröße durch Mutter bestellen lassen? Alles deutete zumindest darauf hin. Außerdem hatte ich nicht das Gefühl, mehr zu essen, sondern mehr zu verkümmern, aber ich tat nichts dagegen.

Das waren ja rosige Aussichten: Ich war fett wie gute Butter, spannend wie ein Straßenkehrer, hatte mit meiner Freundin nur die menschliche Gestalt und ansonsten nichts gemeinsam und träumte von knackigen Weibern, mit denen ich die Nächte sinnvoll gestaltete. »Besser könnte es nicht laufen«, reflektierte ich selbstironisch und suchte nach einem Hintertürchen aus der guten Stube, die mich immer mehr ankotzte. Also meldete ich mich in meiner Verzweiflung mit Ariane, mal wieder auf ihr Verlangen, bei einem örtlichen Turnverein an, in dem ausschließlich alte Männer ihre rostigen Knochen mobilisierten. Einmal wöchentlich fuhr ich, ähnlich wie zu Gymnasialzeiten, abends in eine ungelüftete Turnhalle, zog mich um und betätigte mich als Einsteiger für Leibesübungen, bei denen sich Turnvater Jahn auf dem Friedhof unter der Erde vor Schreck umgedreht hätte. Die alten Knacker hatten zu meinem Leidwesen mehr Kondition als ich, der jahrelang in der Redaktion mehr als eine Schachtel Zigaretten geraucht und diese

Leidenschaft endlich aus Angst vor bösen sowie großen Tumoren aufgegeben hatte. Dessen ungeachtet entpuppte sich das gemächliche Fitnessprogramm am Anfang als Labsal für meine körperlichen Gebrechen – ich lief in dem meines Erachtens nach asbestverseuchten Saal meine Runden, überholte die fast 80-jährigen Oldies und verbuchte auf diesem Wege dezente Erfolgserlebnisse, die sich bei näherer Betrachtung als unbefriedigend herausstellten. Ariane hingegen war von dem bescheidenen sportlichen Leistungsangebot voll angetan – es war nämlich kostenlos und sie extrem geizig, das passte. Schon allein deswegen forcierte sie die wöchentlichen Besuche, auch weil sie unbedingt mit mir in Skiurlaub fahren wollte, obwohl ich noch nie auf solchen Holzbrettern gestanden hatte. »Ich habe ein preiswertes Angebot im Stubaital gesehen«, ließ sie mich wissen. Darunter verstand sie eine zwar saubere, aber dafür zweckmäßig ausgestattete Billigpension, in der der Keller abends nach schweren Skistiefeln müffelte. Vergeblich hatte ich dagegen angekämpft und versucht, im Falle eines gebuchten Luxushotels nachzugeben, doch sie setzte sich mit ihrem hartherzigen Geschäftsgeist mal wieder durch. Also fuhren wir nachts mit der Bahn in einem überfüllten Waggon zweiter Klasse nach Innsbruck, wo ich morgens darauf unausgeschlafen erwachte. Von dort aus ging es mit einem überall anhaltenden Linienbus nach Neustift, wo wir erst einmal Skier und stinkende Skischuhe ausleihen mussten, mit dem Ergebnis, dass ich am ersten Urlaubstag genauso unerholt war wie am letzten, an dem ich immer noch nicht Ski fahren konnte. Zwischendurch war ich als einziger Skigruppenschüler immer wieder in eine neue Anfängergruppe zurückgestuft worden, weil ich, ohne dass es ausgesprochen wurde, der Schlechteste war. Sollte ich bremsen, raste ich durch. Sollte ich in den Kurven drehen, fiel ich auf die Fresse – was dazu führte, dass ich nach ein paar Tagen keine Lust mehr hatte, obwohl in Arianes Augen der Urlaub »so unglaublich günstig« war. Vielleicht hatte es auch mit ihrem aus Sparsamkeit gewachsenen Hobby zu tun, Marmeladendöschen vom Frühstückstisch einzupacken und im Kleiderschrank aufzubewahren. Die Tiroler Pensionswirtin musste das bemerkt haben – im Laufe der stressigen Woche bekamen wir jedenfalls weniger Brotaufstriche als andere Gäste auf den Tisch gestellt, woraus ich ein grausames Ende unserer Beziehung wenige Jahre vor dem Crash entnehmen konnte. Ich war durchaus heilfroh, nach einer strapaziösen Heimfahrt wieder zu Hause anzukommen – ausgelaugt, mit der Freundin zerstritten, weil sie sich geweigert hatte, abends aus Kostengründen essen zu gehen, und dementsprechend desillusioniert. Kein Wunder, dass ich plötzlich unscharf sah. Schwarze Punkte schienen vor mein Gesichtsfeld zu gleiten, als ich die Augäpfel im Tageslicht von links nach rechts und umgekehrt bewegte. In den Augenhöhlen empfand ich ein unnachahmliches Druckgefühl. Manchmal zuckten stichartige Blitze durch meinen Kopf, und es türmten sich Vergesslichkeiten auf, die nichts Gutes zu bedeuten hatten. »Ariane, bitte verstehe mich, ich leide unter einer furchterregenden Hirngeschwulst«, machte ich vorsichtig auf mein Wehleid aufmerksam, was sie nicht interessierte. »Rede nicht so eine Scheiße«, waren die einzigen, weniger tröstlichen Worte, die ich zu hören bekam. So vollzog sich für mein Umfeld die Metamorphose: Um herauszufinden, ob die seltsamen Pünktchen im Gesichtsfeld stumme Zeugen eines wuchernden Tumors waren, rollte ich in Gegenwart anderer Personen, seien es Bekannte, Verwandte oder Freunde, meine Augen wie Puppen in einem nostalgischen Marionettentheater hin und her; die Symptome, so meine Empfindung, verstärkten sich dabei täglich. Mir war unklar, ob es sich diesmal um ein rein körperliches oder ein vielleicht sogar psychosomatisches Erscheinungsbild handelte. Die zweite Version wäre nach meinen Erfahrungen mit meiner vermeintlich besseren Hälfte, die mir jahrelang nur psychisch auf den Sack ging, nicht auszuschließen gewesen: Ich konnte die gutbürgerlichen Torten der treusorgenden Freundinnenmutter kaum noch ertragen. Ihre Verwandtschaft sollte sich meiner Wunschvorstellung zufolge in Luft auflösen.

Die mich erröten lassenden Momente, wenn Ariane in einem Restaurant eine Rechnung von beispielsweise 31,46 D-Mark ohne Trinkgeld auf den Pfennig genau herausgab, waren schier unerträglich. Ihre Sparsucht war schlimmer als die von Onkel Dagobert. »Dann leide ich lieber unter einem schlimmen Krebs«, gestand ich mir ein, aber eigentlich wollte ich ihn ausschließen und ließ mich zu einer neu ansässigen Augenärztin, Frau Dr. Börschel, überweisen. Die Dame war blutjung und deshalb ehrgeizig, was mich sicher machte. An der Rezeption hatte ich ihren Helferinnen erklärt, man möge mich nicht allzu lange im Wartezimmer sitzen lassen, weil ich an seltsamen Erscheinungen leide. Börschel verordnete deshalb noch vor meinem Eintritt in ihr nach Putzmitteln riechendes Sprechzimmer einen Blick in einen großen Apparat, der mein Gesichtsfeld kontrollierte. Dann wurde ich mit zitterigen Knien in ihre heiligen Hallen geführt, in denen ich mich zwar auf die inoperable Geschwulst nicht einstellen konnte, das vernichtende Urteil aber mit Herzbeben erwartete. »Ein Tumor?«, fragte ich vorsichtig nach, als sie in meine Augen schaute. »Wie kommen Sie darauf?« »Wegen der schwarzen Punkte.« »Das sind Trübungen im Augapfel.« »Also kein Tumor?« »Nein, kein Tumor. Haben Sie Stress?« »Ja.« »Das kann davon kommen.« Ende der Veranstaltung. Ariane war schuld, dachte ich im ersten Gedankengang und hatte damit die interne Begründung für eine baldige Trennung gefunden: Ich war fett, hatte einen getrübten Blick, mich nur deshalb für meine bizarre Liaison entschieden und war bereit, mich zu trennen – aber erst zwei Jahre später.

Selbst verordnete Trinkkur mit schauerlichem Mittelstrahl

Als klar war, dass ich erst einmal mit Ariane zusammenblieb, verschlimmerte sich direkt die Haut. Sie war nicht porentief rein, sondern kaputt. Ich kratzte mich mal wieder bis auf die Knochen auf, weil ich das Zusammenleben mit meiner geizigen Gefährtin, die zwar viel Knete sparte und selbst in ihren Freund wenig investierte, nicht verkraftete. Was blieb mir anderes übrig, als die alten Verdrängungstechniken wieder aufleben zu lassen? Jedenfalls freuten sich die gealterten Haudegen vor dem Tresen, mich nach jahrelanger Abstinenz mal wieder zu sehen. Obwohl ich morgens arbeiten musste, soff ich bis tief in die Nacht hinein – ob ich früh oder spät ins Bett ging, änderte sowieso nichts an meiner verspäteten Ankunft am Arbeitsplatz. Nach Feierabend ging ich oft noch ein paar Bierchen in einer nahen Kneipe kippen, bevor ich entweder mit dem Zug oder, was viel schlimmer war, mit dem Auto schielend über die Autobahn raste – Gott sei Dank ist nie etwas passiert, mal abgesehen von den zahlreichen teuren Fotos, mit der die Polizei, mein Freund und Helfer, meine permanenten Geschwindigkeitsübertretungen perfekt dokumentierte.

Oft fuhr ich nicht nur zu schnell, sondern auch freihändig und mit den Knien das Lenkrad steuernd nach Hause, weil ich mich vorher in einem Fast-Food-Restaurant mit Fressalien eingedeckt hatte, die ich während des Nachhauseweges mit den Händen verzehrte. Aber nicht nur die reichliche Tomatenauflage auf den Hamburgern, sondern speziell auch die Situation zu Hause war schuld an dem heftigen Juckreiz, den ich nicht stoppen konnte. So rief ich eines Tages einen guten Freund an, den ich nach Dienstschluss besuchte. Er erörterte mir ungeschminkt, er habe seit ein paar Monaten keine Allergien mehr, was mich sehr erstaunte. »Warum denn nicht? Früher warst du doch von oben bis unten massiv zerkratzt, Ewald?«, hakte ich nach. »Nun, ich habe etwas unternommen, was nicht unbedingt jedermanns Sache ist«, umschrieb er mit riesiger Geheimnistuerei sein erfolgreiches Handeln. »Und was, wenn ich fragen darf?«, wollte ich endgültig wissen. »Also, du ekelst dich auch nicht vor mir, wenn ich es dir beichte?«, vergewisserte sich der Freund vorsichtig, und als ich das aus purer Neugierde vehement verneinte, schoss es aus seinem Mund wie aus einer Pistole: »Ganz einfach: Ich saufe meine Pisse.« Da war ich mächtig platt, konnte ein paar Sekunden nichts mehr sagen, weil ich mich tatsächlich plötzlich vor dem Bekenner mächtig ekelte. »Ach so«, log ich ihn an, »das ist doch nicht weiter schlimm. Und wie machst du das?« »Ich gehe morgens auf die Toilette, schnappe mir vorher einen Becher, pinkele die erste Ladung ins WC und den Mittelstrahl in den Becher, den ich danach restlos austrinke.« Das klang verdammt einfach, war in der Praxis, wie sich später herausstellen sollte, jedoch schwieriger, als ich gedacht hatte. »Du meinst, ich soll einfach meinen Urin trinken?«, zögerte ich mit meinem Mut, den ich bei Ewald, der damit seine lästige Schuppenflechte erfolgreich bekämpft hatte, massiv bewunderte. »Ja, mache es. Und habe keine Angst. Es ist nicht so schrecklich, wie es sich vielleicht anhört«, fasste er zusammen.

Immerhin besaß ich durch seine gezielte Eigenurinpropaganda ein Fünkchen Courage und nahm mir daraufhin konsequent vor, für exakt eine Tageslänge die mögliche Verabreichung des stinkenden Harns zu überdenken. Bei dem Gedanken, ich könnte morgens vor dem Frühstück das eigene gelbe Pipi saufen, wurde mir etwas übel, aber Ewald hatte noch an der Haustür einen entscheidenden Tipp gegeben: »Da musst du durch. Und noch was: Wenn du deinen Urin trinkst, iss vorher bitte keinen Spargel.« Ein gut gemeinter Ratschlag, den mein Freund sich eigentlich hätte sparen können, denn genau das schloss ich schon aus wichtigen Geruchsgründen kategorisch aus.

Ich fuhr also grübelnd nach Hause und konnte an nichts anderes mehr als an meine eigene Pisse denken. Wie würde die gelbe Brühe, die im Normalfall dampfend in der Kloschüssel landete, auf der Zunge schmecken? Wie viel davon musste ich trinken? Kostete es vielleicht mehr Überwindung, den ersten Schluck aus dem Becher mit der Pinkelsuppe zu nehmen, als gegen eine horrende Summe an barem Geld mit einer 90-jährigen Frau zu schlafen, deren schwabbeliger Faltenbauch dir im Zuge der Koitusstöße um die Ohren geschlagen würde? Wie könnte sich die überempfindliche Magenschleimhaut äußern, falls sich in der Nase wider Erwarten ein Geruch aus verdautem Spargel beim Hinunterschlucken bemerkbar machte? Fragen über Fragen, die ich vermutlich erst beantworten könnte, wenn ich die Premiere im Urinsaufen hinter mich gebracht hätte – und deshalb war ich nach dem ersten Bedenktag nahezu bereit, unter der Abwägung aller erdenklichen Risiken am folgenden frühen Morgen nach knapp 30 Lebensjahren die frische Morgenpisse in einem Glas, das ich extra nur für diesen speziellen Anlass feierlich ins Badezimmer gestellt hatte, zu genießen.

Immer wieder hörte ich am Abend zuvor wie ein prägendes Echo Ewalds durchdringende Stimme an der Haustür, die »Da musst du durch« wiederholte. Immer wieder ertappte ich mich dabei, wie ich allerlei Ausreden meinem geschärften Unterbewusstsein einzureden versuchte, um diesen Kelch an mir vorbeiziehen zu lassen. Sicherheitshalber rief ich noch am späten Abend vor der ersten Dosierung den Freund an, der mir in epischer Breite das unkomplizierte Prozedere erklärte: »Nicht lange nachdenken, Schwanz auspacken, erster Strahl ins Klo, zweiter Strahl ins Glas, austrinken, fertig.« Diese Sätze würde ich nie mehr vergessen, das wurde mir nach dem langen Gespräch mehr als bewusst: Mit einem unruhigen Gefühl in der Magengrube legte ich mich an diesem Abend ins Bett, es war unmöglich, einzuschlafen, die Nacht zog sich wie ein zäher Kaugummi. Oft starrte ich auf die Uhr, rollte entgeistert die Augen, weil sie erst eine Uhrzeit kurz nach Mitternacht anzeigte, dann schlummerte ich leicht davon und träumte von einem übergroßen Pipisee, den ich als Strafe für vergangene Sünden austrinken sollte – ein grausamer Albtraum, der mit Sonnenaufgang und Hahnenkrähen bittere Wirklichkeit werden würde.

Schweißgebadet und unausgeruht erwachte ich somit am Tag des geplanten Geschehens recht früh. Ich kam mir vor wie ein gefolterter Delinquent, dem nicht einmal eine gescheite Henkersmahlzeit vergönnt war, sondern der sich in seinen letzten Lebenszügen mit einem Gläschen gelbem Körpersaft begnügen musste. »Jetzt oder nie«, feuerte ich mich an, nachdem ich zuvor meine Morgenlatte beruhigt hatte, mit der ich niemals hätte pissen gehen können.

Wie in der Slow-Motion-Wiederholung eines Fußballspielausschnittes schritt ich, ohne es zu wollen, ins Badezimmer, schaltete das grelle Licht an und klappte die Toilettenschüssel hoch. Da Ariane zu meinem Glück nicht bei mir übernachtete, riss ich rasch die Unterhose vom Glied, zielte gekonnt in die geöffnete Schüssel und ließ den ersten Strahl einfach nur nach Vorschrift laufen. Da ich seit gestern Abend nicht mehr gepinkelt hatte, war die Blase bis zum Rand gefüllt, und es fiel mir schwer, den gelockerten Blasenmuskel und die Prostatabohne zusammen kräftig anzuspannen, um nicht die komplette Ladung zu verlieren. »Reiß dich am Riemen«, sprach ich zu mir selbst und stoppte den ersten Strahl abrupt. Dann war endlich die entscheidende Sekunde gekommen, die mein Leben in die Kategorien »präurintrinkend« und »posturintrinkend« einteilte. Nervös umfasste ich das Glas, ließ den Dödel hineinbaumeln und entspannte zum zweiten Male den irritierten Blasenmuskel, was zu einem schnellen Mittelstrahlerguss führte, der frisch und schäumend den kleinen Becher füllte. Es war vollbracht: Vor mir stand nun ein Getränk, das es in keiner einzigen Bar, geschweige denn in einer Kneipe zu bestellen gab. Mit Ewalds nach wie vor unauslöschlichem Echo im Kopf holte ich einmal tief Luft und setzte das Glas vor meinen widerspenstigen Mund. Dann kippte ich den unappetitlichen Glasinhalt geschwind in die Mundhöhle hinein, ohne weiter darüber nachzudenken. Was da meine Backentaschen ausfüllte, war tatsächlich warm und schmeckte so putzig wie eine bittere Bouillon ohne Ei mit einem kräftigen, unnachahmlichen Nachgeschmack aus körperlicher Innerei, oder anders ausgedrückt: Es kitzelte genauso am Gaumen, wie es aussah und ich es mir vorgestellt hatte. Als mir dies nach dem ersten und einzigen Schluck in den Sinn kam, schluckte ich die Ladung Pisse so rasch runter, wie ich sie in den Mund geschüttet hatte – ich konnte deutlich den überanstrengten Kehldeckel im Moment der in die Speiseröhre gleitenden Urinwelle hören. »Bah«, fuhr es automatisch aus mir heraus. Ich öffnete unverzüglich den Wasserhahn, um mit einer großen Portion frischen Quellwassers die verklebte Mundhöhle auszuspülen. Das Zahnfleisch, die Zähne, die Mandeln, das Zäpfchen, die Zunge – alles war von dieser abscheulichen Woge meines eigenen Urins erstickt worden, mit fatalen Nebenwirkungen – den gesamten Vormittag verbrachte ich mit einem penetranten Pissegeschmack. Trotz massiven Zähneputzens mit einer extra harten Bürste, mehrfachem Gurgeln und einer heftigen Zahnzwischenraumreinigung mit Seide bis zum Blutspritzen wurde ich die Empfindung nicht los, ich wäre im eigenen Pipi ersoffen. »Warum trinkst du so viel gesüßten Kaffee?«, fragte prompt darauf auch die Sekretärin des Kölner Hörfunkstudios, und es blieb mir nichts anderes übrig, als ehrlich zu sein: »Ich trinke meinen Urin«, was sie, ohne weitere Fragen zu stellen, begriff.

Auch Ariane erzählte ich davon, in der stillen Hoffnung, ich könnte sie dadurch endlich verlieren. Aber offensichtlich fühlte sie sich davon keineswegs angeekelt, auch wenn sie – das kann ich bezeugen – niemals eine Tendenz zur Fäkalerotik gehabt hatte und den Begriff »Natursekt« mit Sicherheit auch heute noch als edle Schaumweinmarke aus ungespritzten Trauben interpretiert.

Nun begann jeder Tag mit dem gleichen Ritual: Nachdem der Wecker geklingelt hatte, erhob ich meine müden Knochen, schleppte mich angewidert ins Bad und trank, was ich niemals hatte trinken wollen. Ewald rief mich zwischendurch auch mal an, um mir zum einen zu meiner Überwindung zu gratulieren, zum anderen aber mir weitere Tipps im Umgang mit dem aus seiner Sicht kostbaren Gesöff nicht vorzuenthalten: »Es schmeckt besser, wenn du die Pisse mit etwas Zucker süßt und ein wenig kühl stellst.« »Nein, Ewald«, wiederholte ich mehrfach, »das bringe ich nicht übers Herz. Mir ist es lieber, wenn ich den lästigen Brauch so schnell wie möglich hinter mich bringe.« »Aber es schmeckt besser«, konterte er geschickt, um mich nachdrücklich zu begeistern, sodass ich den Eindruck gewann, Ewald könnte vielleicht nebenberuflich seine Ausscheidungen kühlen, um sie gewinnbringend als Gewerbetreibender zu verkaufen.

Auf diese Weise vergingen ein paar Wochen, in denen ich täglich meinen Harn vor dem Frühstück in den nüchternen Magen goss, und irgendwann wusste ich nicht mehr, ob ich den Geschmack überhaupt noch wahrnahm. Es änderte sich allerdings keineswegs der Zustand meiner Haut, sie war nach wie vor rissig, trocken und juckte. Der Nutzen meiner Unternehmung, so fasste ich die vergangenen Wochen zusammen, ließ stark zu wünschen übrig. Zudem hatte ich nicht vor, aus reiner Tradition jeden Morgen meines Lebens mit dem undefinierbaren Geschmack aus Niere und Blase zu verbringen, also stellte ich aufgrund der fehlenden Zweckdienlichkeiten meinen Konsum rasch ein. Es dauerte ein paar Wochen, bis sich meine hochsensiblen Geschmacksnerven von der grässlichen Gängelei erholt hatten. »Ein gutes Gefühl«, dachte ich mir, »wenn man wieder aufstehen kann und sich darüber freut, nur zum Kacken die Toilette zu betreten.«

Risiken und Nebenwirkungen auf Reisen

Mittlerweile hatte ich mich an die Rolle des ewigen Biedermanns, der nichts auf die Reihe brachte, gewöhnt. Ich empfand Langeweile als kurzweilig, hatte dank Ariane, die als Bankkauffrau das Geld wie eine alte Oma unter dem Kopfkissen hütete, ein wachsendes Konto und sammelte sogar Hotelseifen, um Hygieneprodukte zu sparen. Das hatte zwar mit mir selbst nicht mehr viel zu tun, verschaffte mir aber Sicherheit. Deshalb entschied ich mich, Ariane weiterhin zu behalten. An ihr waren zugegebenermaßen rostige Stellen aufgetaucht, die man hier und da vielleicht hätte wegspachteln müssen, aber da ich ohnehin auf der Suche nach einer geizfreien Alternative war, wollte ich mir die Mühe ersparen. Die Zeit für Neues war trotzdem noch nicht angebrochen, es blieb mir also nichts anderes übrig, als zwischen sahnebedecktem Sonntagskuchen, lästigen Tantenvisiten und täglichem Portemonnaie-Controlling zu verrotten.

Durchaus hätte man dieses Verhalten als feige bezeichnen können, andererseits schlossen auch damals viele Menschen eine Unzahl an diversen Versicherungen ab und wurden nicht mit dem gleichen Prädikat versehen. »Meine Güte, was bist du brav geworden«, wunderten sich Bekannte und Freunde über meinen neuen Lebensabschnitt als zahmer Hausmann mit einer zukünftigen Frau im Schlepptau, die demonstrierte, wo es langging – nämlich in das eigene Häuschen mit dem niedlichen Garten, der durch einen hohen Jägerzaun sich vom Nachbargrundstück abgrenzte. Die Vorstellung reichte aus, damit die Nase zu laufen begann: In jener Zeit war meine Gurke nämlich so stark verstopft, dass selbst ein kraftvoller Abflussreiniger in den Nasenlöchern die entzündeten Schleimhäute nicht weggeätzt hätte. Zwar rotzte ich morgens kräftig den gesammelten Schleim der Nacht in ein Taschentuch hinein, dies führte aber nicht zu einer Befreiung der Nasennebenhöhlen. Wenn ich mir nach erfolgter Schnäuzung die bräunlichen Brocken mit eventueller Bluteinlagerung im voll gerotzten Stoff ansah, wurde mir klar, warum mein Beatmungsgerät nicht befreit werden konnte: Die entfernten Stückchen sahen irgendwie kränklich aus. Als ich Jahre zuvor noch unter Nasennebenhöhlenentzündung gelitten hatte, konnte ich den Eiter im Taschentuch zweifelsohne einwandfrei den infizierten Hohlräumen neben der Nase zuordnen. Bei den jüngsten Absonderungen hingegen gestaltete sich eine klare Herkunftsbeschreibung als äußerst schwierig. Die vertrockneten Rotzkrusten hatten nicht den gelben Farbstoff, der sich im Eiter aus abgestorbenen Bakterien und weißen Blutkörperchen zusammensetzte, sondern sahen unlecker aus wie kalifornische Rosinen aus dem Discounter. Hinzu gesellte sich ein unkontrollierter und deutlich verstärkter Nasenspraymissbrauch, den ich ja bereits seit mehr als zwanzig Jahren kannte, der aber immer heftiger wurde. Seinen Höhepunkt erreichte er in Schottland, das ich mit Ariane 1996 besuchte. In den Highlands zwischen Schafen und schottischem Wetter goss ich täglich zwei komplette Nasensprays in die Öffnungen, ohne dass die Schleimhäute abschwollen. Dies mochte auch mit meinem Unwohlgefühl zusammenhängen, Ariane war jedenfalls mit ihrer vehementen Sparpolitik keineswegs besser als die dafür berühmten Schotten. Wir gingen abends mal wieder nicht vernünftig essen, sondern begnügten uns mit dörflichen Fish-and-Chips-Angeboten, die es an jeder Bude zu kaufen gab. Das Einzige, was mir blieb, war während des Aufenthaltes der Traum an ein hübsches Abendessen, was wir uns wohlgemerkt hätten leisten können, es aber wegen Arianes Besessenheit, für die Rente Geld beiseitezulegen, nicht taten. Also verschloss ich meine Nasenlöcher, sozusagen als Schutz vor weiteren finanziellen Maßnahmen, für die sich meine Freundin berufsbedingt in der Verantwortung sah. »Daran musst du was tun«, mäkelte sie an mir rum. Selbstverständlich hatte sie recht, aber sie war die Wurzel des Übels, die ich eliminieren musste. Nach dem Urlaub zog ich es erst einmal vor, die wichtigsten Symptome der nasalen Problematik zu lindern. Ich fuhr auf Anraten eines Bekannten in die Praxis von Prof. Dr. Potroff, einem angesehenen Hochschuldozenten, der an der Universitätsklinik Bonn unterrichtete. Schon alleine der Titel hauchte mir eine gehörige Portion Respekt ein. »Der Herr Professor wird's schon richten«, war ich mir ziemlich sicher. Doch hatte ich die Rechnung ohne den Wirt gemacht. Anstelle des namhaften Nasenheilers erwartete mich in der modernen Praxis ein junger Assistenzarzt, der für meine uferlosen Sprayeinsätze kaum Verständnis zeigte. »Geben Sie mir auf der Stelle alles, was Sie an toxischen und nasenschleimhautabschwellenden Mitteln in den Hosentaschen haben«, wies er mich drängelnd an, und ich ahnte, was er vorhatte – mich meiner wertvollen Medizin zu berauben. Somit übergab ich ihm mit Tränen in den Augen mehrere Nasensprays, die mich bis zu diesem Zeitpunkt ein Leben lang begleitet hatten und von denen ich mich noch nicht einmal lange verabschieden durfte, denn der Mülleimer des Arztes hatte seine Klappe bis zum Anschlag geöffnet, um das Ein und Alles meiner geblähten Schleimhäute in seinem Inneren bis zu dessen Vernichtung abgedunkelt zu lagern. Ich konnte sehen und hören, wie der junge Mann den Kopf schüttelte und die Produkte – jedes für sich ein kostbares Individuum mit charakteristischem Abschwellungsverhalten – einzeln entsorgte.

Vorbei die winterlichen Abende, an denen ich bei Muttern auf dem Sofa eingekuschelt kein dickes Buch, aber dafür mehrere Stapel an Beipackzetteln durchlesen durfte, um die Unterschiede zwischen den einzelnen Präparaten herauszufiltern.

»Das nehmen Sie ab heute nie mehr«, riss mich der junge Schnösel brüsk aus meinen nostalgischen Gedanken. »Haben Sie verstanden? Nie mehr!« Entsetzen, Zukunftsfurcht, Panik und eine schlagartige Verbitterung machten sich in dem stillen Raum breit. »Warum? Ist es Krebs?«, fragte ich hastig nach, weil ich nur diese Diagnose erwartete. Warum sollte ein junger Mann, der vielleicht vor ein paar Monaten sein Medizinstudium beendet hatte und nun als Experte in der Praxis des beliebten Professors behandeln durfte, dermaßen unerwartet reagieren? Bestand die Nase immer weniger aus Nase, dafür aber umso mehr aus Geschwulst? Endete in Behandlungsraum eins jäh meine Existenz?

»Nein, Ihre Schleimhäute sind zerstört«, erreichte mich die zur Hälfte erlösende Antwort, obschon dies schlimm genug war. Das klang nach 1945 sowie nach Trümmerfrauen, und ich musste in diesem Zusammenhang komischerweise an Ariane denken.

»Ab heute müssen Sie ohne die Medizin klarkommen, oder wollen Sie etwa in ein paar Wochen an Stinknase leiden?« »Alles, nur das nicht«, erwiderte ich schnell, denn eine Stinknase entwickelte sich in der Regel aus chronischem Spraymissbrauch, was zur Folge hatte, dass man mit übel riechender Gurke ein Leben lang seine Mitmenschen belästigte. Ich stellte mir vor, wie sich Personen von mir abwandten, weil sie den ätzenden Geruch aus meinen Nasenlöchern, vergleichbar mit einem beißenden Mundgeruch, bemerkt hatten.

»Das darf einfach nicht passieren», überlegte ich mir. Und so erduldete ich die Maßnahmen des Johannesheilers, der sich zum Ziel gesetzt hatte, mich trockenzulegen, egal, ob es mir passte oder nicht: »Sie werden in den folgenden Wochen eine Menge erleiden. Sie werden keine Luft mehr durch die Nase atmen können. Sie werden nichts mehr in die Nase sprühen. Sie werden hart sein müssen.« Das gab er mir auf den Weg, während ich meine Jacke wieder anzog und zur Tür ging, deren Durchschreiten ich als Zäsur für ein neues Leben definierte. Kaum hatte ich die Praxis verlassen, stand ich wie ein armseliger Tropf auf der nassen, verregneten Straße und spürte in meiner Nase unweigerlich, wie sie sich verdichtete. Rasch merkte ich, dass sich die feinen Adern auf der nicht mehr vorhandenen Schleimhaut ausgedehnt hatten und die Atmung massiv blockierten, sodass ich automatisch den Mund öffnete, um die geringe Luftzufuhr mithilfe des Direktzugangs in die Bronchien zu kompensieren. Rasch merkte ich auch, wie ich schädliche Viren und Bakterien einatmete, weil sie nicht von der Nase gefiltert wurden. Das Überleben würde mir schwerfallen. Ich war erst ein paar Minuten ohne Nasenspray und bettelte bereits um fehlenden Sauerstoff. Ariane zeigte dafür wieder einmal wenig Verständnis. Ich hatte langsam sowohl die Faxen als auch die Eier dick, sodass mich Gerd immer wieder fragte, warum ich eigentlich mit dieser Frau noch zusammen war. »Warum kaufst du nicht direkt ein neues Auto, wenn mal Öl ausläuft?«, konterte ich so gut ich konnte, doch war mir klar, wie es um unsere Beziehung stand. Sie verschlechterte sich dramatisch, als Ariane auf die grandiose Idee kam, ihre dicke Freundin in der Türkei zu besuchen. Ursprünglich hatte sie in Erwägung gezogen, allein zu verreisen, nach meinem heftigen Widerstand aber diese Pläne über Bord geschmissen. »Also gut, dann komm eben mit«, willigte sie nicht ganz freiwillig in meinen Wunsch als immerhin befreundete Begleitperson ein. Selbstverständlich hatte sie sich vor dem Antritt der Reise bestens vorbereitet. Sie hatte die billigste Charterfluggesellschaft mit der kostengünstigsten Route ausgewählt, im Reisekatalog das preiswerteste Hotel in Istanbul angekreuzt und reservieren lassen, stundenlang mit ihrer türkischen Busenfreundin telefoniert, um sich von ihr einladen zu lassen, und mit dem Taschenrechner akribisch den Reisepreis nachgerechnet, um mögliche Zusatzgebühren im Vorfeld zu reklamieren. Erst nachdem sie das alles besonders zu ihrer Zufriedenheit erledigt hatte, konnte der durchkalkulierte Trip in den Südosten starten, in einer überfüllten Flugmaschine, in der Tausende von Kindern kreischten und in der allerhöchste Thrombosegefahr herrschte, weil die Beinfreiheit keine war. So erreichten wir erst nachts unser schäbiges Hotel in der Istanbuler Altstadt. »Das reicht zum Schlafen«, ermahnte mich Ariane mehrmals, weil ich mich beschwert hatte. »Wir sind ja morgen ohnehin bei Birsen.« Gesagt, getan: Kaum hatte sich die gute Nochfreundin am darauffolgenden Tag morgens das halbe Frühstücksbüfett aus Kostengründen in den Magen geschoben, fuhren wir in einen entlegenen Istanbuler Stadtteil, um die Freundin, die ich nicht mochte, zu treffen. Die beiden begrüßten sich stürmisch, fielen sich um den Hals, küssten sich sehr intensiv, sodass man irgendwie den Anschein eines versteckten Lesbentums nicht ganz ausschließen konnte, und ich stand einfach nur daneben, in der Hoffnung, die Woche möge schnell vorbeigehen. Tat sie aber nicht, weil Birsen jeden Urlaubstag zur Vereinnahmung meiner Freundin missbrauchte und Ariane bei der Abreise ins türkische Marmaris gegen Ende der Woche weinen musste: »Ich würde so gerne hier bleiben.« Am liebsten hätte ich ihr den ständigen Aufenthalt in Istanbul empfohlen, dann entsann ich mich meiner Vision, sie ohnehin bald zu verlassen, und ließ die unausgesprochenen Worte Gedanken bleiben.

In Marmaris bezogen wir das älteste und dreckigste Dreisternehotel am Strand, dessen Buchung ich in Deutschland vergeblich zu verhindern versucht hatte. Der Preis hatte Ariane allerdings magisch angezogen, so fiel die Wahl auf den hässlichen Betonbunker, der unpersönlich und vor allen Dingen nachts höllisch laut war, weil unter unserem Zimmer die Hausdiskothek Dancefloorpartys bis in die frühen Morgenstunden veranstaltete. Bereits am zweiten Tag nach der Ankunft in diesem Hotel schmerzten unter meinen Achseln die Lymphbahnen. Ich bat Ariane, sie abzutasten und mich bei Knotenverdacht sofort zu informieren. »Ich kann nichts feststellen«, sagte sie immer wieder, doch ich traute ihr nicht. Hatte ich beim ersten Meerbad vor dem Hotel versehentlich zu viel Motorbootaltöl geschluckt? Hatten die Gifte in meinem Körper eine Krebsentartung in Gang gesetzt? Wenn ich mir täglich diese Fragen stellte, spürte ich eine grausige Welle voller Kraft-, Macht- und Ratlosigkeit, die in mir ein sich aufbäumendes Unwohlsein auslöste. Zuerst hatte ich die Beschwerden als Folge meiner Allergien diagnostiziert; immerhin züchtete der mir unbekannte Hoteleigentümer mehrere Katzen, und ich konnte mich sehr gut an einen auf Norderney ausgestellten Allergieausweis erinnern, in dem schwarz auf weiß meine Testung auf Katzenhaare mit dem Vermerk »positiv« eingetragen worden war. Erfolglos zeigte ich an der Rezeption des Hauses den Ausweis, der jedoch, wie man mir sagte, in der Türkei nicht anerkannt wurde. Trotzdem forderte ich ein, was die Hotelmanager nicht zu organisieren imstande waren, ein allergenfreies Zimmer. Zwar wurde uns darauf eine neue, noch lautere Behausung ohne Meerblick geboten, aber es änderte nichts an den Beschwerden. Ich war anscheinend nicht nur gegen Katzen, sondern auch gegen Ariane hochgradig allergisch und hätte mich besser beim Arzt vor dem Urlaub mal auf sie testen lassen sollen. Immerhin hatte ich mehrere Ursachen für meine schmerzende Lymphe entdeckt: Allergie, Ariane, Krebs. Es war erschreckend genug, an mir besonders die Ablehnung der zweiten Ursache zu registrieren, auch wenn ich zum zweiten Mal dem beängstigenden Schreckgespenst Lymphdrüsenkrebs gegenüberstand.

Jeden Abend zur Essenszeit saßen Ariane und ich mit dem Hauch von vorgetäuschter Romantik auf der Speiseterrasse des Hotels und schaufelten mit einem besorgniserregenden Heißhunger die türkischen Speisen in uns hinein. Zwischen den Kauprozessen griff ich dann automatisch unter meine Arme, weil ich in den Achseln seltsame Stiche verspürte, die das Ende prophezeiten. Wenn nicht allzu viele Menschen an den Nachbartischen dinierten, wagte ich mich sogar an verkürzte Abtastmanöver heran, hob dann einen der beiden Arme und fingerte mit der anderen Hand unter dem T-Shirt genau in die schmerzende Mitte der Höhle hinein. Hätte eine Person zugesehen, hätte sie vermutlich an eine anstandsfreie Beseitigung des eigenen Achselschweißes mit der nackten Hand gedacht. »Pfui«, schrie meine hysterische schlechtere Hälfte und drehte sich in diesen Augenblicken der medizinischen Wahrheitsfindung gern um, weil sie sich den Anblick des Todkranken ersparen wollte. »Muss das sein, und das ausgerechnet beim Essen?«, bellte sie mich an. »Ja, es muss sein«, lautete meine geflüsterte Antwort, »jeder zu spät erkannte Knoten verkürzt mein Leben.« – Eine Aussage, die unser, wie ich es immer bezeichnete, Zweckbündnis nicht unbedingt vereinfachte. Jeder Urlaubstag wurde in diesem Sinne zur doppelten Qual: Die Schmerzen in der Lymphregion ließen keinen einzigen Gedanken an Erholung durchsickern, die Urlaubstage dehnten sich ins Uferlose hinein. Ein Ende war nicht in Sicht, insbesondere weil wir täglich an dem blöden, schmalen Hotelstrand verweilten und uns dabei regelmäßig angifteten. »Was heißt Lymphe auf Türkisch?« Keine Antwort. »Ist irgendetwas?«, worauf ein verspätetes, genervtes »Nein, was soll schon sein?« als Gegenfrage meine Bereitschaft zur Glättung der Wogen in Asche erstickte. Zweifelsohne sollte ich sie in Ruhe lassen, und ich tat es auch, wohl wissend, dass ich mit meinem Schicksal Tausende von Kilometern von der Heimat entfernt allein zurechtkommen musste. Fern von der Familie, die mir in diesen tristen Minuten Trost gespendet hätte, suchte ich eine Apotheke an der türkischen Ägäis auf, zeigte dem Apotheker, der ausnahmsweise kein Deutsch verstand, meine Achseln und bekam von ihm ein Medikament empfohlen, das ich erst im Hotelzimmer als stark wirksames Deodorant identifizierte.

Zu Hause angekommen, rannte ich zuerst einmal zu Dr. Hiehler, der das Karzinom glücklicherweise ausschloss. »Nicht zu viel die Achseln mit Deodorants einsprühen«, empfahl er, aber gerade jetzt wollte ich noch besser duften: Ich ging schließlich öfter fremd, was an mir endlich mal wieder etwas anderes anschwellen ließ.

Powerdurchfall

Es war so weit: Ich ließ mich immer seltener bei meinen Schwiegereltern in spe blicken, log Ariane mit vermeintlichen Überstunden voll, die ich zur Festigung meines Seitensprungs nutzte, und war abends angenervt, wenn ich nach Hause fahren musste.

Diese Situation konnte ich nicht länger so hinnehmen. Ich erzählte Silvana, meiner neuen Flamme, von meinen Plänen, Ariane in Kürze die Tür zu zeigen. Sie stimmte ihnen zu, hatte sie schließlich doch dasselbe mit ihrem langjährigen Freund vor, den sie genauso in die Wüste schicken wollte. Die Folge: Ich rannte zu Ariane und machte in ihrem Schlafzimmer mit ihr Schluss mit der Konsequenz, dass nicht ich sie, sondern sie mich in hohem Bogen vor die Tür setzte. Als ich kurz darauf Silvana von meiner Heldentat berichtete, machte sie einen Rückzieher und gestand, sie könnte ihren Freund nicht verlassen. Ich hatte demnach die größte Arschkarte meines Lebens gezogen. In Selbstmitleid badend, heulte ich mich bei allen Freunden aus, die nach mehrmonatiger Dauerberieselung die Silvana-Problematik nicht mehr hören konnten. Dies führte dazu, dass sie taub wurden und ich an der Haltestelle der Kölner Straßenbahn heftigen Durchfall bekam. Vorher hatte ich noch in der Redaktion des Kölner Hörfunkstudios in epischer Breite mit meinen Kollegen das leidige Thema »Silvana« behandelt, aus purer Höflichkeit hatten die Anwesenden so getan, als hätten sie zugehört, und mich dann in den Feierabend entlassen. Da ich ohnehin an nervösen und akuten Magenbeschwerden gelitten hatte, war es nicht weiter verwunderlich, dass ich ein heftiges Grummeln im Magen-Darm-Trakt vernahm, als ich mich der Straßenbahnhaltestelle näherte, über die ich in der Regel zum Kölner Hauptbahnhof gelangte. Diesem eigenwilligen Gluckern zwischen Magenpförtner und Dickdarm schenkte ich wenig Aufmerksamkeit, weil ich die Ursache in aufkommenden Gasen und Darmwinden sah. Selbst als ich die überfüllte, überirdische Haltestation erreicht hatte, war ich mir meiner kommenden Körperaktivitäten ziemlich sicher, was sich ein paar Sekunden später als grobe Fahrlässigkeit herausstellen sollte: Ich musste dringend aufgestauten Gasen das Entweichen ermöglichen und damit, salopp ausgedrückt, einen ziehen lassen. Die herannahende Straßenbahn bot dazu den passenden, geräuschkräftigen Anlass, um nicht als entlarvter Furzer unter den Fahrgästen aufzufallen. Synchron zur Einfahrt an der Haltestation vermehrte sich auch der Druck im Anusinneren, was mich dazu bewog, den eingequetschten Furz mit einem exorbitanten Knall herauszupressen. Ich drückte so fest ich konnte, dehnte ausgiebig den Schließmuskel, und aus dem Reich des Innenarsches löste sich eine rabiate Blähung, die aus dem Anus athletisch in die hell erleuchtete Welt rutschte, doch leider alles andere als trocken. So kraftstrotzend die Luftansammlung sich kontinuierlich im Reich der meterlangen Därme aufgebaut hatte, so feucht wurde sie aus dem Hintern freigegeben. Umgeben von vielen Passagieren, die nach der Öffnung der Türen einen Waggon zur Fahrt in Richtung Hauptbahnhof betreten hatten, erlebte ich die Besprenkelung meiner Pobacken und meiner Hose mit dem warmen, braunen Nass aus den Tiefen des Verdauungsapparats. Ohne jeglichen Zweifel hatte ich mich von oben bis unten aufgrund eines massiven Durchfalls beschissen; die braune Brühe lief sogar an meinen Beinen hinunter. »Scheiße«, lautete mein erster, richtiger Gedanke, »was mache ich denn jetzt bloß?« Als erste Sofortmaßnahme am Unfallort knöpfte ich daraufhin meinen dicken, langen Wintermantel zu, in der Hoffnung, dass die Passanten die dünne Kacke, die mir in die Strümpfe gelaufen war, noch nicht bemerkten. Leider musste ich gleichzeitig mit den übrigen Fahrgästen den gut besuchten Waggon der Straßenbahn betreten. Langsam schlossen sich mit den Worten

»Bitte zurückbleiben« hinter mir die schweren Automatiktüren, sodass ich die vielen Menschen, die keinen Zutritt mehr erlangt hatten, nur beglückwünschen konnte: Sie mussten nicht mit mir den, wenn auch kurzen Reiseweg antreten, denn ich stank höllisch nach Scheiße, deren Geruch sich in der engen Fahrgastzelle schnell ausgebreitet hatte. An den Gesichtern meiner Mitreisenden erkannte ich jedoch, wie sehr sie der stechende Zersetzungsmief in Mitleidenschaft nahm; gleichzeitig schaute sich jeder nach dem Übeltäter um, vermutlich weil die exakte Herkunft des gewöhnungsbedürftigen Aromas schwer ausfindig zu machen war. Alle Passagiere fühlten sich mit Kollektivscham für den wahrgenommenen Gestank verantwortlich, doch keiner kam auf die Idee, lauthals beispielsweise »Wer hat hier so dermaßen aufdringlich gefurzt?« in die Menge zu posaunen. Stattdessen schwiegen sich die Wagoninsassen mit abwechselnd auf den Fußboden und auf die anderen Fahrgäste gerichteten Blicken an.

Nach ein paar Minuten erreichten wir Gott sei Dank den Bahnhof, alle verließen fluchtartig den eingenebelten Wagen, und ich konnte sogar das ein oder andere Gespräch verfolgen, in dem sich inhaltlich heftig über den Fäkalgeruch im Zug beschwert wurde. »Hast du das gerochen?«, fragte eine ältere Dame ihre neben ihr gehende Nachbarin. »Welche Drecksau hat da wohl eben alles vollgeschissen?« »Keine Ahnung, auf jeden Fall hat es noch nie so widerlich wie eben irgendwo mal gestunken«, antwortete die Angesprochene und nahm sich selbst in Schutz. »Wenn ich pupe, könnte ich durchaus auch vor mir selbst flüchten, aber es stinkt nicht ganz so bestialisch, und der, der eben einen fahren gelassen hat, kann entweder nicht riechen oder hat seine Hose bis zum Rand zugeschissen.« Wie recht sie doch hatte. Für mich als Übeltäter war mein Leidensweg damit aber noch lange nicht abgeschlossen, denn ich sollte wenige Minuten später mit vollgekackter Hose einen Bummelzug besteigen, der mich 60 Kilometer weiter in meinen Wohnort transportierte. In der Zwischenzeit war die Kotladung in den kontaminierten Kleidungsstücken ein wenig angetrocknet, und es machte sich ein gewisses Kuhfladengefühl breit. Breitbeinig stolzierte ich unsicher mit meinem ungewöhnlichen Gepäck auf den Bahnsteig und stellte mich sicherheitshalber in die hintersten Reihen, in denen ich mehr oder weniger unbeobachtet meinen Hintern etwas durchlüften konnte. Um das zu erreichen, ging ich auf und ab, in der Hoffnung, dass sich die hinter mir auftürmenden Gaswolken auflösen würden, was jedoch nicht der Fall war. Die Zeit verging im Nu, und ich musste leider schneller als erwartet den vollen Zug besteigen. Also raste ich an Schaffner und Dutzenden von eingestiegenen Personen vorbei, weil ich nicht in die Situation geraten wollte, auf die peinliche Frage

»Stinken Sie?« wahrheitsgemäß zu antworten. Stattdessen durchquerte ich den kompletten Zug vom ersten Waggon hinter der Lokomotive bis an das Ende des Zuges, wohl wissend, was sich an Beinen und Gesäß fein verspritzt abgelagert hatte. Dementsprechend war ich heilfroh, als ich im letzten Waggon tatsächlich ein leeres Abteil ausfindig machte, das ich sofort besetzte. Doch die Freude über das okkupierte Eigenreich währte nur kurz. Bereits an der nächsten Haltestelle stiegen nämlich ein paar Fahrgäste zu, die die Schiebetür zum Abteil öffneten und die dumme Frage »Ist hier noch frei?« stellten. Was hätte ich darauf antworten können? »Ja, aber ich habe in die Hose geschissen«, wäre zwar richtig gewesen, hätte ich aber nicht über die Lippen gebracht. Ich konnte auch schlecht sagen: »Natürlich können Sie sich hier hinsetzen. Ich stinke zwar nach Kacke, hoffe aber, dass Sie das nicht stört.« Die Folge: Ich deutete gar nichts an, und das allein reichte aus, um meine feinen Gesichtskapillaren zu erweitern. Ich wurde feuerrot wie eine untergehende Tropensonne am Horizont einer karibischen Insel. Diese Farbe wechselte von hell- auf dunkelrot, als die Fahrgäste sich wieder aus ihren Sitzen erhoben, um mein Abteil während der Zugfahrt aufgrund der unerwarteten Geruchsbelästigung schleunigst zu verlassen. Das hätte ich am liebsten auch getan, doch war ich bis zu meinem Zielort an die verklebte Trockenkacke gefesselt, auch wenn ich vorher in einer Toilette notdürftig meine Unterhose und die bekleckerten Hosenbeine von den groben Durchfallablagerungen gereinigt hatte. Dabei war mir aufgefallen, dass ich sogar durch die Hosenhinterwand geschissen hatte – die beige Hose jedenfalls war kackbraun wie nach einer übertriebenen Solarbehandlung. Und der flüssige, ins Innenfutter des Stoffes eingesaugte Kotbrei gefiel mir auch nicht so richtig, weshalb ich auf der viel zu engen Zugtoilette den flüssigen Stuhl direkt einmal auf verborgene Blutspuren untersuchte. Ein paar Stellen in der Unterhose jedenfalls sahen mehr als nur braun aus, ich ahnte ein paar rötliche Punkte in den trockenen Matschresten. »Nicht dass ich auf einer unsauberen Zugtoilette zwischen der ersten und der zweiten Klasse den Beweis für einen flott streuenden Darmkrebs mit Tochtertumoren durch die zufällige Begutachtung meiner Durchfallscheiße gerade entdeckt habe«, schoss es mir schauderhaft durch den Kopf, als ich mit den Hosen in den Kniekehlen zwischen meinen Beinen mein braunes Tagewerk zensierte. Ich kratzte mit einem Stückchen Toilettenpapier etwas von dem angedickten Durchfallpudding ab und blickte die Stichprobe vor meinen Augen genauer an. Was ich sah, war ein dunkles, sämiges Püree, das ich gern sofort in das nächste Labor eingeschickt hätte, aber das war schier unmöglich. Auch wenn ich wollte: Ich konnte nicht einfach zum Schaffner gehen, ihm das

Toilettenpapier in einem Vakuumbeutel überreichen und ihn bitten, meine im Klo entnommene Fäkalie am nächsten Bahnhof einem Taxifahrer auszuhändigen, der mit installiertem Blaulicht die nächstliegende Pathologie ansteuern würde. Trotzdem war ich mir der Dringlichkeit einer gründlichen Kotuntersuchung bewusst. Es musste ja schließlich einen Grund für den plötzlichen Durchfall auf offener Straße geben. »Hilfe, ich brauche dringend einen Arzt. Befindet sich im Waggon ein Internist, der mir einen Schlauch in den Arsch schieben kann?«, fragte ich mich allein, als ich die Hose, die noch beschissener war, als ich sie mir vorgestellt hatte, wieder hoch- und den Reißverschluss zuzog. Unsicher verließ ich die unsaubere WC-Kammer und ging bestialisch müffelnd in mein einsames Abteil zurück, in dem ich nach meiner Ankunft abermals von einem ungestümen Druckgefühl in den Endwindungen des Mastdarms überrascht wurde. »Ist es ein harmloser Furz, oder muss ich etwa schon wieder dünnflüssig ausscheiden?«, lautete die alles entscheidende Frage, und ich musste an die Kategorie »Risiko« in Wim Thoelkes vergangenem TV-Klassiker »Der große Preis« denken, bei der die Kandidaten entweder ihr Geld verdoppeln oder alles verlieren konnten. Lohnte sich in diesem Moment ein Pup noch, oder war es nur blutverschmierter Metastasenstuhl, den ich in der Unterhose erblickte? Am liebsten hätte ich in diesem Moment einen Darmspezialisten zurate gezogen, der mich mit seiner Antwort auf meine Reaktion hätte vorbereiten können, doch ich saß verlassen und ungepflegt im letzten Abteil des Abschlusswaggons eines sich verspätenden Eilzuges. »Risiko« hörte ich den guten alten Wim mit seiner sonoren Moderatorenstimme seinen Kandidaten in den orangefarbenen Kapseln zuflüstern. »Frau Müller, Sie haben 1300 Mark auf Ihrem Konto. Was tun Sie?« Sie überlegt nicht lange und entscheidet sich dann dafür, alles zu setzen mit der Chance, bei richtiger Beantwortung der Frage ihren Kontostand auf 2600 Mark zu verdoppeln. Zweifellos befand ich mich in derselben Situation. Ich wusste genau, dass ich der unliebsamen Schwere im Anus nicht länger standhalten konnte; bis zum WC, das sich am Ende des Waggons befand, das war mir klar, würde ich es ohnehin nicht mehr schaffen können. Also musste ich eine Lösung finden, selbstverständlich unter Berücksichtigung des Thoelke-Risikos.

Langsam presste ich mit überschäumendem Mut die bedrückende Ursache aus der letzten Biegung des Enddarms in die Anusspalte hinein, gleich würde sie, so war meine Hoffnung, im Aggregatzustand Gas verpuffen, doch kaum hatte ich daran geglaubt, war es zu spät: Ich hatte mich zum zweiten Mal innerhalb einer Stunde vollgeschissen und war immer noch nicht zu Hause angekommen. Es war deutlich schlimmer als zuvor: Die Brühe tropfte durch die Hose zwischen meinen Beinen auf das Sitzpolster. Ich hörte den sich nähernden Schaffner, der sich von Abteil zu Abteil zwecks Fahrkartenkontrolle begab, ich knöpfte meinen Mantel zu, schob das breite Abteilfenster trotz winterlicher Kälte hinunter, damit sich der penetrante Kotgestank in Windeseile verzog, setzte mich mit übereinandergeschlagenen Beinen verkrampft auf den Sessel und betete, der Bahnbedienstete möge mich übersehen. Dann schob er die Tür auf: »Guten Tag, Ihren Fahrausweis bitte. Entschuldigung, ist das nicht ein bisschen sehr frisch?« »Nein, ich liebe kalte Luft.« Er begutachtete meine Fahrkarte und verschwand so schnell, wie er das Abteil betreten hatte. Es war ihm offenbar ein wenig kalt geworden, dafür hatte ich ihm den Geruch aus frischem, noch dampfendem Stuhl erspart. Panisch verließ ich nach des Schaffners Intermezzo das Abteil, auch wenn mein Sitz nicht nur beschissen aussah, sondern auch tatsächlich beschissen worden war. Ich stellte mich an die Ausgangstür und wartete sehnlichst auf mein Heimatziel. Dort angekommen, stieg ich in mein Auto, nachdem ich vorher den Sitz mit Papiertüchern abgedeckt hatte, fuhr nach Hause, schickte Mutter ein Paket voller bekackter Kleidung und duschte mich ab. Am darauffolgenden Tag musste mich Dr. Hiehler erst einmal beruhigen: »Ich glaube nicht, dass es Darmkrebs ist«, argumentierte er nach meiner langen Vorgeschichte, die er sich hatte anhören müssen. »Du hast deine Nerven nicht im Griff.« So entließ er mich in die weite Welt – mit einem gewaltigen Powerdurchfall, der so lange anhielt, bis ich endlich meine Verlobte kennenlernte. Damit hatte sich das Silvana-Drama ein für alle Mal erledigt. Der Stuhl wurde von Tag zu Tag fester und nahm nach wenigen Wochen eine hübsche Wurstform an – so wie ich es gewohnt war.

Déjà-vu in Meran

Doch auch mit meiner neuen Freundin Susanne befanden sich meine Leiden nicht unbedingt auf dem Rückzug. Ich hatte meiner Liebsten vorgeschlagen, die Jahreswende in dem Ort zu verbringen, in dem ich 1977 zum ersten Male mit hypochondrischen Beschwerden konfrontiert worden war. Als chronischer Zwangsneurotiker glaubte ich an eine Neutralisierung der Krankheitskette, falls ich den Ort der Entstehung ein zweites Mal aufsuchte, doch diese gewagte These entpuppte sich als völlig falsch. Meran, die unangefochtene Stätte meines ewigen Traumas, der Keim für Blinddarm und Krebs zugleich, wurde auch im 21. Jahrhundert mein persönlicher Weltflecken für das physische Inferno: Mein linkes Ei, an dem mein Lieblingsurologe die dicke Krampfader festgestellt hatte, begann zu schmerzen, als wir unser hübsches Appartement mit Fußbodenheizung bezogen hatten. Ich fand keine genaue Erklärung für dieses Symptom, führte es dennoch auf eine mögliche Erweiterung der Sackvene zurück. Vielleicht war tatsächlich in den vergangenen Jahren zu viel Blut durch meinen Penis geflossen, vielleicht hatte ein Teil davon nicht mehr ordnungsgemäß abfließen können und sich an der Stelle zwischen Leiste und Hoden gestaut, vielleicht lag die Ursache für mein Leiden aber auch in einer entzündeten Prostata, vielleicht hatte sich in den Eiern mal wieder zu viel Samen gesammelt, den ich dringend entleeren musste.

»Alles Quatsch«, sagte mein Schatz zu mir. »Du bildest dir das mal wieder ein.« »Nein, das tu ich nicht. Mein Ei kommt mir auch schwerer vor«, versuchte ich sie von der Notwendigkeit der Ursachenforschung zu überzeugen. In der Tat hatte ich bereits beim Skifahren das Gewicht meines linken Eis gespürt. Am liebsten wäre ich in eine Apotheke gelaufen, um zu fragen, ob es eine Hodenwaage zum Bestellen gäbe, ließ diesen abstrusen Gedanken jedoch schnell wieder fallen. Stattdessen fasste ich zu Susannes Entsetzen öfter an meinen Sack, sodass vorbeifahrende Skifahrer beinahe vor Schreck von der Piste abgekommen wären. »Ich glaube, das linke Ei ist etwas wärmer als das rechte«, regte ich mich über die Veränderung an meinen Geschlechtsteilen auf. »Sei doch froh, dann friert dein Sack wenigstens nicht zu«, konterte mein Schatz mit der Bitte, sie zukünftig mit solchen Lappalien nicht mehr allzu oft zu konfrontieren. Doch sie hatte die Rechnung ohne den Wirt gemacht. Je heftiger es draußen schneite, umso auffälliger griff ich in die warme Skihose und ertastete den feinen Unterschied zwischen dem rechten und dem linken Hoden. Ich bat Susanne, die Temperatur jedes Eis exakt zu kontrollieren, was sie dazu veranlasste, meine Früchte in ihren Händen, so wie ich es gewohnt war, auf den Wärmegehalt zu bestimmen. »Ich finde, beide sind gleich stark erhitzt«, meinte sie, als ich mal wieder meine Unterhose vor ihr im Schlafzimmer der gemieteten Wohnung ausgezogen hatte. »Ich bin mir sicher, dass der linke Hoden nicht nur heißer, sondern auch optisch größer geworden ist«, hielt ich an meinen Bedenken fest. »Ein Hodenkrebs macht auch vor Winterurlauben nicht halt.« Damit mochte ich aus medizinischer Sicht recht behalten, Susanne hingegen bemühte sich, Fassung zu bewahren. Was mir fernlag, war für sie einleuchtend: Ich hatte ihrer Ansicht nach keinen Krebs, auch wenn ich zwei Tage und zwei Nächte aus Kummer so gut wie gar nichts mehr aß. Ohne den Ansatz von Einsicht für eine wahrscheinliche Übertreibung meiner gesundheitlichen Konstitution erwachte ich mitten in der Nacht aus einem seltsamen Albtraum, der mir die Botschaft ans Herz legte, unverzüglich die nächstliegende Klinik aufzusuchen. »Muss das sein?«, fragte mein Schatz schlecht gelaunt beim Frühstück, wäre sie doch viel lieber mit mir auf den verschneiten Almen spazieren gegangen. »Es geht nicht anders, schau doch selbst«, erwiderte ich und präsentierte den vermeintlich erkrankten Hoden zwischen dampfenden Kaffeetassen und gekochtem Schinken. »Nein, ich meine nicht den Gang zum Arzt. Ich meine, dass du mir immer deinen Sack beim Frühstück zeigen musst.« »Tut mir leid, Schatz. Aber du hast eine bessere Sicht auf meine Eier. Aus meiner Perspektive kann ich mögliche Verdickungen nicht so gut erkennen.« Das sah sie nur teilweise ein, weil es durchaus Erhärtungen vor allem in dieser Körperregion gab, die auch ich ohne ein geschultes Auge direkt erkennen sollte. Da es in diesem Falle hingegen um krankhafte Auswüchse im Hodenbereich ging, überredete ich sie zu einer Kaffeefahrt nach Meran, wo ich einen Urologen aufzusuchen gedachte. Ich klingelte mich an der Eingangstür des Sackfummlers allerdings tot, er wollte einfach nicht öffnen. Meine Liebste schien etwas erleichtert zu sein, doch sie hatte mit meinem Alternativvorschlag überhaupt nicht gerechnet: »Lass uns ins Meraner Krankenhaus fahren. Die Ärzte hatten dort in den Siebzigerjahren bei mir starke Blähungen festgestellt. Ich glaube, sie verstehen ihr Handwerk.« Susanne sah mich mit blassem Gesicht an: »Das ist jetzt nicht dein Ernst?« »Oh doch«, gab ich ihr zu verstehen. Diesbezüglich kannte ich keine Gnade, es ging schließlich um mein gottverdammtes Leben. Wir stiegen ins Auto und fuhren pfeilgeschwind Richtung Hospital, den Weg dahin wusste ich immer noch, obwohl seit meinem Blinddarmverdacht knapp 25 Jahre vergangen waren. »Wenn ich denselben Arzt von damals treffen sollte«, so zog ich in Erwägung, »dann werde ich ihm berichten, dass seine Diagnose völlig richtig war. Dr. Grundmann hatte seine Furzdiagnose treffend bekräftigt.« Als wir in die Straße, in der die Klinik stand, einbogen, traf mich der Schlag: Das alte Gebäude, in dem ich 1977 behandelt worden war, war mittlerweile ein Seniorenheim, nebenan jedoch blitzte uns ein prächtiger Spitalpalast aus Glas und mehreren Gebäuden entgegen – das war das neue Meraner Krankenhaus, bei dessen Anblick ich mich sofort geborgen fühlte. »Schau dir das an«, rief ich meinem Schatz begeistert zu, »in so einer modernen Umgebung praktizieren die besten Mediziner Südtirols.« Sie schüttelte nur den Kopf, während ich mich irgendwie auf die zeitgemäße Technik in der urologischen Abteilung freute. Ich war mir sicher, das Hospital würde alles bieten, was meinen Sack höherschlagen ließe. Aus diesem Grunde stürmte ich frohen Mutes in das Foyer der neu errichteten Klinik, fragte an der Rezeption direkt nach der Sackambulanz und ging eiligen Schrittes mit Susanne an der Hand zu den Pimmelguckern. Zwar war mir etwas mulmig zumute, weil ich nicht wusste, ob ich mit einem unheilbaren Hodenkrebs das Behandlungszimmer wieder verlassen würde, aber ich hatte den Instinkt, an diesem Ort gut aufgehoben zu sein, schon allein wegen der fortschrittlichen Technologie zur Diagnosebestimmung. Männer mussten sich nicht mehr vom Urologen mit viel zu dicken Schläuchen und scharfen Spiegeln, die bis in den Samenleiter schmerzhaft geschoben worden waren, quälen lassen, mutmaßte ich. Jetzt wurden Pimmel und Sack einfach mit einem kalten Ultraschallgel eingerieben, was zwar wegen der Kälte den Penis schrumpeln ließ, dafür aber nicht wehtat. Deshalb saß ich nur leicht nervös im leeren Wartezimmer. Kein einziger Mann, der entweder wegen einer von fetten Tumoren durchsetzten Harnröhre nicht mehr richtig pinkeln konnte oder der sich versehentlich beim Hinsetzen ein Ei eingequetscht hatte, saß dort – ich war der Einzige und wurde deshalb auch relativ rasch in das Sprechstundenzimmer geleitet, in dem ein Südtiroler Doktor im weißen Kittel mir die Hand reichte. »Guten Tag, was kann ich für Sie tun?« Mir war nicht klar, was der Mann mit seiner Frage bezweckte, schließlich hatte ich ihn weder aufgesucht, um über die Schönheiten der altehrwürdigen Kurstadt zu sprechen, noch, um mir mit seinen blassgelben Urologenhandschuhen einen runterzuholen. »Ich habe Schmerzen im linken Hoden. Früher hatte ich das schon mal, und ein Kollege von Ihnen hatte eine Krampfader entdeckt. Ist sie dicker geworden, oder könnte es auch eine bösartige Erkrankung sein?«, fragte ich leicht eingeschüchtert, weil ich im Hintergrund viele Apparaturen sah, deren Einsatz ich mir äußerst schmerzhaft vorstellte. »Dann zeigen Sie mir mal Ihre Hoden«, lautete die Aufforderung, die ich mir nicht zweimal sagen ließ. Die Unterhose rutschte wie bei meiner Liebsten in die Kniekehlen. Der Fremde musterte zuerst mein sauberes Glied, dessen Eichel so rein glänzte, dass man sich darin spiegeln konnte, und dann die Schönheit meiner Keimdrüsen. Mit leichtem Druck ertastete er zuerst die Krampfader und hielt ein paar Sekunden später den Sack in seinen Händen, woran ich mich zugegebenermaßen erst einmal gewöhnen musste. Dann rieb er den Hoden mit einem glasigen Gel ein und schaute sich das Ei auf dem Ultraschallgerät an. »Ich kann nichts erkennen.« »Und woher kommen die Schmerzen?« »Vielleicht eine Art Überreizung.« Wie sollte ich das verstehen? Hatte ich zu oft an meinen Geschlechtsteilen gespielt? Vertrug ich die Geilheit nicht? Ich hakte nach: »Und Sie können auch keine Geschwulst erkennen?« »Nein, betrachten Sie selbst einmal Ihr Ei«, bot er mir an, und ich durfte einen Blick auf den Monitor werfen, auf dem ein dunkler Schatten mit Licht im Hintergrund zu erkennen war. Mein Hoden sah aus wie eine Sonnenfinsternis. »Nicht erschrecken«, brüllte der Arzt, weil ich zusammenzuckte, »das ist normal.« Von da ab beschloss ich, die Hoden noch viel gründlicher zu untersuchen.

Hodenkrebs im Grenzgebiet

Die Zeit war reif für Veränderungen: Zehn Jahre arbeitete ich bereits für den Radiosender und konnte ihn nicht mehr ertragen. Ich kannte an und in ihm jede Schraube, was zu einem unerträglichen Beamtenleben geführt hatte. Der Vorteil daran war, dass ich kaum Zeit hatte, meine Symptome regelmäßig zu warten. Der Nachteil war, dass sich mein Leben mit noch nicht einmal vierzig Jahren bereits im Vorrentnerstatus befand. Das wollte und musste sich ändern, weshalb ich zu kündigen beschloss. Und als der Zufall mir glücklicherweise zuspielte, bekam ich die Chance auf eine neue Redakteursstelle in Aachen, einer Stadt, die ich von meiner ältesten Schwester kannte. Hier hatte sie jahrelang gelebt und meinen Schwager gebumst, bis die Ehe am Ende war. Ich hielt ihre Niederlage als Zwangsneurotiker für ein schlechtes Omen und sollte, wie sich später herausstellte, recht behalten.

Doch vorher zogen Susanne und ich erst einmal nach Belgien um, weil wir Steuern sparen wollten, später aber nachzahlen mussten. Bereits vor dem Umzug hatte ich wenig geholfen, da ich mich nicht wohlgefühlt hatte. Der Grund: ein Hexenschuss im Rücken, weil ich mich beim Verpacken der Kisten fürchterlich verhoben hatte. Die Folge: Ich hatte zum Leidwesen meiner Liebsten ein paar Tage vor dem Möbeltransport eine ganze Nacht lang durchgeschrien und geglaubt, ich müsste sterben. Doch der Himmel hatte Gnade vor Recht walten lassen, und so kam es wider Erwarten zum angepeilten Umzugstag, an dem ausnahmsweise Susanne mit einer Magenverstimmung das Bett hüten musste, worauf ich ein wenig neidisch war. Nachdem wir alle Möbel transportiert hatten, entsorgten wir in einem belgischen Wald einen riesigen Müllberg, der ansonsten fachgerecht nach Anmeldung abgeholt worden wäre. Dann lebten wir uns gemächlich in dem viel zu kleinen Steinhaus ein, das an den Wänden vollkommen verschimmelt und deshalb so preisgünstig war. Den schlimmen Pilzbefall hatte ich bis zu unserem Auszug ein Jahr später gar nicht vernommen, ansonsten hätte ich wegen akuter Krebsgefahr das Haus niemals betreten, geschweige denn gemietet. Umso einleuchtender erscheinen mir im Nachhinein die plötzlichen Eierschmerzen, deren Ursache ich mit verschiedenen Methoden aufzuspüren versuchte. Zunächst erduldete ich den Druck in den Klöten noch ein wenig. Viel zu viel beschäftigte mich die neue Umgebung, in der ich mich zuerst einmal auf die Suche nach einem kompetenten Hausarzt machte. Die neuen Nachbarn gaben uns einen entscheidenden Tipp: »Geht auf jeden Fall zu Dr. François Bourdaix, das ist der beste Mediziner der Region.« Kaum hatten die Leute den Vorschlag gemacht, saß ich auch schon bei dem Mann im Sprechstundenzimmer, um mich ihm als Patient vorzustellen. Dabei erzählte ich ihm lange von meinen Vorgeschichten, obwohl er sie gar nicht hören wollte, und ließ mir von Dr. Hiehler extra die Patientenakte faxen, damit der Neue umfassende medizinische Erkenntnisse über meine bisherigen Krankheiten und Therapien gewann. »Manche sagen, ich sei ein Hypochonder«, gestand ich während meines ersten Besuches, was der Doktor unkommentiert im Raume stehen ließ. Irgendwann setzte er mich einfach vor die Tür, weil ich die Sprechstunde wörtlich genommen und die Redezeit deutlich überschritten hatte, ansonsten machte er aber einen vernünftigen Eindruck. »Er ist klasse«, freute ich mich wie ein Schneekönig über den tollen Arzt, den wir ausfindig gemacht hatten, und ließ meinen Schatz an meiner Fröhlichkeit teilhaben. »Mit ihm kann überhaupt nichts schiefgehen.« Ich fühlte mich tatsächlich in seiner Gegenwart sehr sicher, sodass ich schon nach wenigen Wochen in der neuen Heimat die Tabuzone bei meiner zweiten, etwas kürzeren Stippvisite durchbrach. Mutig schilderte ich ihm von der permanenten Wiederkehr meiner niemals endenden Sackbeschwerden, die ich als unverwüstlich bezeichnete. »Seit Jahren quält mich der Gedanke, von meinen Eiern könnte ein streuender Tumor ausgehen, Herr Doktor«, beleuchtete ich meinem Hausarzt die Sorgen und hoffte, er würde sich von der gefährdeten Fruchtbarkeit ein persönliches Bild machen, doch Pustekuchen. »Dann überweise ich Sie zu einem fabelhaften Spezialisten auf dem Gebiet der Urologie«, empfahl der vorsichtige Mediziner, was mich leicht verunsicherte. »Was glauben Sie denn, was es sein kann?«, wollte ich nun erfahren, aber er hielt sich sehr bedeckt. »Ich kann nicht in Ihre Hoden reinschauen, aber er kann es und wird die erforderliche Untersuchung durchführen«, klärte Bourdaix mich auf und bat mich, nach meinen allzu aufdringlichen Fragen seine sterilen Räumlichkeiten zu verlassen. Als kleine Entschädigung gab er mir dafür die Adresse eines berühmten Eierheilers aus Aachen, die ich direkt danach mit dem Auto anpeilte, weil ich nicht einen Tag später in der Holzkiste aufgebahrt sein wollte. Vor der Praxis stehend, rief ich meine Liebste an und bat sie, mir die Daumen zu drücken, da der Ausgang der Visite ungewiss war. So betrat ich mit einem mulmigen Gefühl die unbekannten Hallen eines wildfremden Urologen, fern der Heimat, nicht wissend, ob seine Hände mit meinem Gemüse sanft umzugehen vermochten, nicht ahnend, dass mein Gastspiel diesmal im Vergleich zu den vorherigen Nüssechecks einem anderen Qualitätssegment zuzuordnen wäre. Mir ging der Dancefloor-Hit »Sing Hallelujah« von Dr. Alban durch den Kopf, vielleicht weil ich mich schon an der Himmelspforte anklopfen sah, nachdem ich mich in das nur zur Hälfte gefüllte Wartezimmer gesetzt und zwischen bleichen, schmerzerfüllten und von ihrer eigenen Prostatabohne schikanierten Senioren platziert hatte. »Kommen Sie bitte mit«, fauchte mich plötzlich eine hässliche Arzthelferin mit dickem Hinterteil an. Sie drückte mir den schon bekannten Plastikbecher in die Hand, dessen Gebrauch ich nach meinem Verschüttungsmanöver knapp zwanzig Jahre zuvor einstudiert hatte. Die trübe Pisse gab ich an der Rezeption ab, nahm ein zweites Mal im Wartesaal Platz, bis ich zum Chef der Praxis ins Allerheiligste gerufen wurde. »Haben Sie Schmerzen?« »Ja, und Druck.« »Lassen Sie mich nachsehen.« Ich öffnete die Hose, ließ gekonnt die Wäsche bis auf die Schuhe fallen und die Früchtegottheit werkeln: Er versorgte beide Knäuel mit der eisigen Paste, um sich das Hoden- und Nebenhodeninterieur auf dem großen Bildschirm neben der Liege, auf der ich nervös saß, anzuschauen. »Was können Sie erkennen?«, hakte ich mit wachsender Ungeduld nach, weil der Meister wortlos mit dem kalten Gerät über die Naht zwischen den beiden Eiern hoch und runter strich. »Erst mal nicht viel«, erklärte er mir, »ich denke, dass es sich um eine Irritation handelt. Der Urin war im Übrigen auch in Ordnung.« »Und was kann ich jetzt tun?« »Um die genaue Ursache zu ermitteln, schlage ich vor, dass Sie mir gleich eine Samenprobe hinterlassen, die wir kontrollieren.«

Diese markigen Worte entfärbten mich von einer Sekunde auf die andere im Gesicht bis zur Blutlosigkeit. Der Arzt verlangte von mir doch tatsächlich, in die Praxis zu wichsen. »Gehen Sie bitte nach vorn und lassen Sie sich einen Becher geben. Sie bekommen einen separaten Raum zugewiesen, bis später.« Unanständiger konnte ein Besuch beim Urologen nicht verlaufen – automatisch angetrieben schlich ich mich zur Arzthelferin, ließ mir den Becher für mein Sperma geben, öffnete die Tür zur ungestörten Gemütlichkeit, schloss sie hinter mir und befand mich in einem kalten Zimmer mit einem Stuhl und einem Tisch, auf dem zwei abgegriffene Pornomagazine zwecks Stimulation lagen. Unwillig blätterte ich in den Seiten, die bereits von vielen Männern einhändig umgedreht worden waren. Man sah Paare in allen möglichen Stellungen und Frauen, die ihre Muschi inklusive Scham, aber ohne jegliches Schamgefühl, zur Schau stellten. Man sah pralle Brüste, die jedoch den Hauch des Vulgären versprühten. Das veranlasste mich, den Schwanz in der Hose und die ärztlich verordnete Wichserei unbefolgt zu lassen. Ohne Samen im Behälter schlich ich mich aus dem Zimmer und stellte am Tresen, an dem die hässliche Arzthelferin meinen frischen Erguss erwartet hatte, den Becher ohne Inhalt ab. Ich sagte ihr, ich hätte mich gegen eine Ejakulatspende entschieden, woraufhin sie ein klein wenig das Gesicht verzog, weil sie sich vermutlich dachte, ich sei dem Abspritzstress im Behandlungszimmer nicht gewachsen. Auch wagte ich es nicht, einen weiteren Begutachtungstermin auszumachen, sondern verließ, so wie ich angekommen war, das Haus so rasch ich nur konnte.

Vor der Praxis telefonierte ich dann mit meinem Schatz, schilderte ihr, dass ich nicht onaniert hatte, und fuhr auf schnellstem Wege nach Hause, wo ich bereits keine Schmerzen und kein Druckgefühl im Hodenbereich mehr vernahm. Das Thema Hodenkrebs hatte sich mit der Androhung von hektischer Selbstbefriedigung demnach erledigt. Nicht auszudenken, was passiert wäre, wenn ich den Pimmel gerubbelt und die unansehnliche Arzthelferin die Tür geöffnet hätte, um pflichtgemäß nachzuschauen, ob der Becher schon voller Wichse wäre. Was hätte sie dann wohl gesagt? »So, sind Sie fertig?« »Fast. Ich werde in wenigen Sekunden kommen.« »Dann warte ich so lange.« »Kein Problem, halten Sie einfach den Becher unter die rote Eichel.«

Panik vor AIDS nach Blutspende

Nach einem Jahr war der Spuk in Aachen vorbei: Der Eierdruck hatte sich aufgelöst, und die Firma, für die ich arbeitete, war pleite. In der Zwischenzeit hatte sich die Welt völlig verändert: Die Mobiltelefone wurden immer kompakter, die Charthits wurden von langsam ergrauenden Middleagers aus meiner Jahrgangsstufe nicht mehr erkannt, Beziehungen wurden mit SMS bestätigt oder beendet.

Auch bei uns zu Hause in Belgien spielte das Schicksal verrückt. Wir packten nach gut einem Jahr unsere sieben Sachen, weil ich mich nach Bayern wegbeworben hatte, um nicht arbeitslos zu werden. Irgendwie war ich ein bisschen erleichtert, das Dreiländereck, in dem viele kriminelle Gefahren lauerten, zu verlassen. In unserer Straße hatten sich schließlich einige schreckliche Dinge ereignet, denen man einen morbiden Charme nicht absprechen konnte: Gegenüber unseres Hauses war beispielsweise ein Pfarrer auf seltsame Art und Weise umgebracht worden. Die Frau des Vermieters, die mit ihm hinter unserem Haus in einem Bungalow gewohnt hatte, hatte sich im Keller an einem Heizungsrohr stranguliert. Ein paar Meter weiter wohnte der sogenannte belgische Hammermörder auf freiem Fuß, nachdem er seine mehrjährige Haftstrafe abgesessen hatte. Der gute Killer von nebenan hatte im Übrigen seine Frau einst mit einer riesigen Axt im Schlafzimmer erschlagen, was uns als unmittelbare Nachbarn nicht unbedingt Vertrauen einhauchte. Gleichzeitig erzählte man sich in dem kleinen Grenzort immer wieder von dem furchtbaren Unglück an einer nahe gelegenen Tankstelle, die ein paar Jahre zuvor explodiert war und viele Tote unter sich begraben hatte. Diese unheimliche Pannenserie übertrug sich anscheinend auch auf unser schnuckeliges Kifferhäuschen, in dem ein Vormieter durch einen Herzinfarkt bedingt sein Leben verloren hatte. »Wir müssen ganz flott hier weg«, fasste ich die Unglückskette, die zusätzlich mit der Insolvenz meines Arbeitgebers geschmückt wurde, zusammen. Also schoben wir unsere Koffer ins Auto, verluden die Möbel und zogen ins süddeutsche Bayernland, in dem wir erst einmal unfreundlich empfangen wurden. Wir hatten uns für ein kleines Dorf unweit des Ammersees entschieden, in dem unsere Vermieter keinen besonders guten Ruf genossen, was wir ebenfalls bald zu spüren bekommen sollten. Die gefürchtete Familie Welkerer hatte es zumindest in der Vergangenheit verstanden, mit allen Vormietern unserer Wohnung vor Gericht zu ziehen. Das erfuhren wir allerdings erst, nachdem wir die Zimmer eingerichtet hatten. Doch nicht nur das, sondern auch meine mies bezahlte Arbeit bei einem Hörfunksender in Fürstenfeldbruck versaute unsere Lebensqualität. Ich musste morgens früh, wenn andere gerade mit ihrer Morgenlatte spielten, aufstehen und den Gute-Laune-Clown vor dem Mikrofon zum Besten geben. So war es nicht allzu erstaunlich, dass ich bald nach der Gewöhnung an die neue, unbekannte Heimat zu kränkeln anfing. Einen ersten Eindruck konnten sich meine Kollegen davon bereits an einem speziellen Aktionstag machen: Ich sollte, so war ihre Vorstellung, als gutes Beispiel für den Hörfunksender Blut spenden und fuhr abends in eine kleine Dorfschule, in der das Deutsche Rote Kreuz dazu geladen hatte. »Ich habe so etwas noch nie gemacht«, deutete ich den Hautstechern vorsichtig an, weil ich Angst vor der Entnahme hatte. Was, so überlegte ich kurz und knapp, könnte dabei wohl alles schiefgehen? Hatte vielleicht die Nadel vorher im Körperinneren eines anderen Spenders gesteckt? Diese Fragen, die ich mir selbst stellte, beunruhigten mich vor der erfolgten Spende zutiefst, zudem verlangte ich von den anwesenden Helfern eine umfassende Aufklärung über das Prozedere. »Wir werden Ihnen ein wenig Blut abnehmen, anschließend dürfen Sie sich im hinteren Zimmer gemeinsam mit den anderen Spendern stärken.« Was das hieß: Ein paar trockene Streuselkuchenstücke und ein paar ranzige Fleischwurstsemmeln wurden uns angeboten, jedoch erst nach der Blutspende. »Wir werden Ihr Blut auch auf eine mögliche HIV-Infektion testen«, sagte eine freundliche Dame und stach kurz darauf die Nadel sehr tief in meinen fleischlosen Arm, während ich auf einer drittklassigen Liege so tat, als sei ich völlig entspannt. Noch witzelte ich mit meinen Spenderkollegen, die rechts und links neben mir gelangweilt warteten, bis sie ihre Dosis abgegeben hatten. Ganz anders bei mir: Jeder Zentiliter des kostbaren Saftes, den ich aus meinem Arm tröpfeln sah, tat mir so weh wie die ehemaligen Republikflüchtlinge dem DDR-Politbüro. Mit coolen Sprüchen wie »Halb so wild« oder »Das ist ja völlig harmlos« munterte ich mich während der Abzapftortur auf, denn ich konnte mir die Folgen noch nicht ausmalen. Erst danach, als ich in das Fresszimmerchen mit den leicht verdorbenen Lebensmitteln unter der Aufsicht eines Radiokollegen und eines Sanitäters geführt wurde, merkte ich, wie schlecht es mir ging. Kurz nachdem ich am Tisch der Spender Platz genommen hatte, wurde mir regelrecht schwarz vor Augen. Ich stand nachsichtig auf, schrie durch den gesamten Raum »Hilfe« und klappte dann in den Armen meines Kollegen zusammen, der sofort eine anwesende Ärztin herbeirief. Was ich genau den beiden erzählt hatte, als sie mich zu einem bereitstehenden

Notbett schleiften, kann ich leider nicht mehr exakt wiedergeben, ich weiß nur, dass ich das kurze Gefühl eines Komas hatte und beim Aufwachen dachte, ich hätte einen Gehirntumor. »Man sollte mit mir eine Kernspintomografie durchführen«, riet ich der Ärztin, die mir intravenös eine Kochsalzlösung nach der anderen in die Adern jagte. »Vielleicht ist es eine Geschwulst.« Sie ging darauf nicht ein, sondern erklärte mir, ich hätte die Blutspende nicht besonders gut vertragen. »Bleiben Sie liegen und entspannen Sie sich. Sie hatten soeben einen seltenen Kreislaufkollaps«, verdeutlichte sie mir, woraufhin sie die von mir gestellte Hirntumorthese ausschloss. »Aber Tumorpatienten fallen doch auch in Ohnmacht?«, hakte ich vorsichtig noch mal nach, was der Doktorin gar nicht gefiel. »Jetzt seien Sie bitte still.« Das hatten alle, die um mich herumstanden, gehört, sprich alle Spender, die Sanitäter und meine Kollegen, die mich auf dem schweren Weg durch die Blutspendehölle begleiteten. Und als sei die Demütigung damit noch nicht perfekt, setzte sie zur Krönung der Scham noch ein kleines Sahnehäubchen an Kritik auf mein Haupt: »Sie sind der Einzige, der heute kollabierte. Das erlebt man nicht allzu oft.«

Stimmt, auch für mich war es eine Art Premiere, mit der ich mir keine Lorbeeren verdient hatte. Die gute Ärztin konnte sich im Laufe dieses frühen Winterabends nicht mehr um andere Spender kümmern. Immer, wenn ich aufstehen wollte, fiel ich hin. Das brachte nicht nur sie, sondern auch meine Kollegen in völlige Verzweiflung. »Was soll ich mit Ihnen machen?«, fragte sie nach gut einer Stunde Dauerbehandlung mit Infusionen, von denen sie sich fälschlicherweise meine körperliche Stärkung erhofft hatte. »Wenn es Ihnen bald nicht besser gehen sollte, sehe ich mich gezwungen, einen örtlichen Krankenwagen zu bestellen.« Ich war erschüttert. Ahnte die Frau doch mehr, als sie mir gegenüber zugab? Ich musste es erfahren. »Ist es doch ein Tumor?«, setzte ich nach, auch wenn sie dabei die Augen verdrehte. »Warum fragen Sie so etwas? Ich empfehle Ihnen, zukünftig bitte kein Blut mehr zu spenden. Sie vertragen das scheinbar nicht.« Das konnte mich nicht beruhigen, auch wenn die Ärztin die Ursache für meinen Zusammenbruch verharmloste. Mir war klar, dass ich zur Abklärung noch einmal meinen neuen Hausarzt Dr. Kraumer befragen würde, wenn ich lebend die eisigen Hallen der Blutspenderbitternis verlassen konnte. So bat ich alle Anwesenden um mich herum, meinen Schatz in die kleine Dorfschule zu zitieren, damit sie ihre bessere, aber kranke Hälfte abholen konnte. Mein Kollege Alexander erledigte das für mich als Geschwächten, der blutleer auf der Bahre winselte und unfähig war, sich deutlich zu artikulieren.

Ein paar Minuten später traf Susanne am Tatort ein, stöhnte »Um Himmels willen, was ist passiert?«, wurde fachgerecht über den Werdegang meiner gut gemeinten Spende aufgeklärt und zu meinem Krankenbett geführt. Dort fand sie mich tränenüberströmt vor, weil ich in der Zwischenzeit mehrfach versucht hatte, wieder aufzustehen, was nicht gelungen war. Eiligst entschied meine Liebste zusammen mit der diensttuenden Ärztin, mich ins Auto zu verladen, damit ich nach Hause befördert wurde. Also verabschiedete ich mich bei allen, die sich um mich seit meiner Blutspende gesorgt hatten, und wurde, von meinem Schatz gestützt, mehr oder weniger auf den Parkplatz vor die Schule getragen und zusätzlich – was für ein Service! – ins Auto gesetzt. »Jetzt fehlt zu Hause nur noch ein Treppenlift« bemerkte ich, und als ich aus dem Fenster sah, standen alle noch anwesenden Spender, Sanitäter und Kollegen um mich herum, um mir »Gute Besserung« zu wünschen. »Sie sind so froh, dass du weg bist«, interpretierte mein Schatz diese vermeintlich nette Geste. »Jetzt können sie endlich auch alle nach Hause gehen«, womit, auch wenn Susanne damit den wahren Hintergrund der Helferfreundlichkeit durchschaut hatte, die Härte der Nebenwirkungen jedoch für mich noch lange nicht abgeschlossen war. Bereits am Folgetag wurde ich mir dessen bewusst: Ich hatte mein Blut, das für Kranke vergossen wurde, in ein Labor schicken lassen, damit es dort auf gefährliche Krankheiten überprüft werden konnte. Mit diesem gewaltigen Schritt war ich zwar in gesundheitsprophylaktischen Dingen weitergekommen, setzte mich aber dem Risiko aus, ernsthaft erkrankt zu sein. Ich stellte mir mal wieder die nüchternen Labormediziner vor, die mein kostbares Gut hin- und herschüttelten, umherstehende Kollegen zurate zogen, weil sie sich die Fülle an Gefahren in meinem Lebenssaft keineswegs erklären konnten. »Da ist ja alles Schreckliche drin«, wisperte ein kleiner Mann mit Brille und weißem Kittel, der sein Abitur mit 1,0 bestanden und sofort danach das Medizinstudium absolviert hatte. »Auch AIDS?«, fragte seine Assistentin schüchtern, die vorsichtshalber einen Mundschutz trug. »Das auch noch«, erwiderte der Akademiker, der mein Blut in ein anderes bereitstehendes Gefäß goss und seine Analyse mit den Worten schloss: »Informieren Sie sofort das Rote Kreuz. Dieser Spender gehört in eine Universitätsklinik.« Dann verließ er das Labor, schloss hinter sich eine schwere Stahltür, und ich erwachte aus dem Sekundentraum schweißgebadet. Mir schoss das Bild einer Werbekampagne eines großen Modekonzerns durch den Kopf, die zu Beginn der Neunzigerjahre einen bis auf die Knochen abgemagerten AIDS-Kranken in seinem Sterbebett abgelichtet hatte, nur sah ich mich nicht in der Rolle des unabhängigen Fotografen, sondern des Patienten, der das Sakrament der Krankensalbung, die Letzte Ölung, bald empfangen würde. Ich sah den Brief des

Roten Kreuzes als Einschreiben mit Rückschein im Briefkasten liegen, erkannte schemenhaft den Inhalt ohne den ersehnten Blutspendeausweis mitsamt Gratulation zum neuen Spender, sondern mit der Aufforderung, wegen einer schon ausgebrochenen HIV-Infektion unmittelbar einen darauf spezialisierten Facharzt aufzusuchen. »Bitte melden Sie sich unverzüglich bei dem Arzt Ihres Vertrauens«, stand in dem unfreundlich formulierten Brief, der mit der Analyse der Werte und dem Vermerk »HIV-positiv« endete. Vergeblich versuchte ich, diese Endvisionen aus meinem Schädel zu verdrängen, doch je mehr ich mich bemühte, umso aufdringlicher wurde das farbige Bild des knochigen Rock Hudson im Endstadium. Mein Schatz konnte sich mein ewiges Geplärre in der Zwischenzeit nicht mehr anhören. Ich weinte vor Selbstmitleid, beklagte meine Vergangenheit Ende der Achtzigerjahre, als ich die Multifunktionen des Penis auch ohne Schutzgummi genutzt hatte, und prophezeite das Schreiben des Roten Kreuzes, das die Folgen dieser Jahre zurückliegenden Schwanzkuren mit schauerlichen Daten in Lettern und Ziffern zementierte. Täglich ersehnte ich mir die Post herbei, doch in unserem Kuhdorf war sie nicht die schnellste; so erhielten wir ab und zu wichtige Briefe erst Tage später. Statt des Briefträgers sah ich eher unsere grässliche Vermieterin vor der Wohnung auf und ab gehen. Da ihr Garten mehr oder minder direkt vor unserem

Wohnzimmer lag, kam es nicht selten vor, dass sie mich nachmittags im Adamskostüm betrachtete, wenn sie im Gärtnerinnendress zu ihrem Blumenbeet marschierte und ich mich unbekleidet und geil vor den Fernseher setzte. »Zieh wenigstens etwas an, wenn du im Wohnzimmer sitzt«, hatte mir meine Liebste geraten. »Du weißt doch: Frau Welkerer schaut immer rein«, womit sie recht hatte, denn die ältere Dame konnte durch das große Zimmerfenster in bester Qualität mein Gewächs bestaunen, es sei denn, der Briefträger hatte etwas Wichtiges in den Schlitz geworfen. Dann stand ich wie eine vorwitzige, alte Jungfer hinter der Tür und wartete, bis er mit dem Auto davongefahren war. So auch an jenem Sommertag, an dem ich die Antwort des Roten Kreuzes erhielt. Monatelang hatte ich darauf gewartet und mir überlegt, ob mein Blut jemals untersucht worden war. Mit starkem Herzklopfen entnahm ich den Brief mit dem Absender des Verbandes. Ich lief in die Küche, riss am Kuvert und zog die erwartete Antwort heraus: »Wir freuen uns, Sie als Blutspender willkommen zu heißen«, stand dort zusammen mit dem aufgeklebten Spenderausweis geschrieben. Ich rief sofort Susanne an und beendete die Wartezeit mit den Worten: »Gott sei Dank, ich habe kein AIDS.« Sie antwortete mit: »Kannst du gleich noch gute Butter kaufen? Wir haben keine mehr.«

Heimtückischer Haarausfall

Im Schneckentempo passte ich mich an die neue Umgebung an, auch wenn manche Bayern in unserem Dorf sich nie an mich gewöhnten. Fuhr ich beispielsweise samstags unseren Müll zu einer dörflichen Deponie, so wie es alle anderen in unserem Landkreis auch taten, wurde ich öfter gefragt, woher ich komme. Sagte ich dann »aus dem Rheinland«, quittierten dies die konservativen Ureinwohner mit »Des iss net Deutschland« und wünschten mich in aller Offenheit nach Preußen zurück.

Auch auf der Arbeit lief es nicht unbedingt reibungslos: Manchmal kam ich mir von einigen ein wenig gemobbt vor, besonders wenn ich die kleine Kollegenküche neben der Redaktion betrat. Hatten sich die Anwesenden noch vor meiner Ankunft lautstark und fröhlich unterhalten, so verstummte das Gespräch oft, nachdem ich den Raum betreten hatte – ein Fall für den hausinternen Betriebspsychologen, wie ich dachte, doch der existierte nicht. So ertrug ich stillschweigend meinen ausgiebigen Kummer, wohl wissend, dass sich das eines Tages bitter rächen würde. Und davon machte ein hübsches Frühlingswochenende den Anfang: Während ich noch immer im Bett lag, hatte mein Schatz bereits die Zeitungen und die Semmeln für ein langes Frühstück gekauft. Als sie zurückkehrte, weckte sie mich mit einem Kuss auf den Mund, an dessen Lippen sich in der vergangenen Nacht ein vertrockneter Nasenpopel breitgemacht hatte. Offenbar litt ich in der Heuschnupfenzeit an einer starken Sekretüberproduktion in der Nase, die nach einer kurzen Feuchtigkeitsphase in chronische Austrocknung überging. Demzufolge verwandelten sich während des Schlafes die an der Nasenwand klebenden Eiterschleimkugeln in bissfeste Rotzrosinen, von denen die ein oder andere auch mal das Nasenloch wegen der natürlichen Schwerkraft verließ und sich im Gesicht niederlassen konnte, wie an diesem Morgen geschehen. Jedenfalls hatte meine ursprünglich gut gelaunte Liebste mir, ohne ganz genau hinzuschauen, einen Schmatzer auf die Lippen gegeben, wodurch der noch schlafende Popel an ihren Lippen andockte – mit entsetzlichen Konsequenzen: Sie johlte wie von der Tarantel gestochen auf, weil sie im Reflex mit ihrer Zunge das fette Prachtstück in den Mund geleckt hatte. Dadurch wurde ich hellwach. »Ich könnte kotzen«, waren somit die ersten Worte dieses sonnigen Samstags, die ich hörte. Aber es sollte noch besser kommen: Als ich mich aus dem Bett gequält hatte, machte ich den fatalen Fehler und betrachtete zuerst unkonzentriert, dann mit geschärften Blicken mein Kopfkissen. Was ich sah, ließ meine Stimmung auf den Meeresgrund sinken: Haare. Eins, zwei, drei, vier ... zwanzig, dreißig einzelne Haare inklusive Haarwurzeln. Da ich es kaum glauben konnte, zählte ich noch mal nach: tatsächlich, dreißig Haare. Ich rannte ins Bad, in dem Susanne sich vor wenigen Sekunden den Mund mehrfach mit desinfizierendem Wasser ausgespült hatte, und gab ihr zu verstehen, dass ich bald glatzköpfig sein könnte. »Kannst du dir vorstellen, mit mir noch zusammenzuleben, wenn ich keine Haare mehr habe?« »Komm, der Kaffee wird kalt.« »Weißt du, dass ich bald eine Glatze habe?« »Fährst du heute noch mit deinem Auto durch die Waschanlage?« Ich war froh, dass Susanne so viel Verständnis für meine große Sorge aufbrachte, und zerrte sie an der Hand ans Bett, hob das Kopfkissen hoch und deutete auf die Haare. »Schau mal hier«, dann zeigte ich ihr unter meinen Haaren die linke und rechte Geheimratsecke, »und schau mal hier.« »Ja und?«, quoll es desinteressiert aus ihr heraus. »Das ist doch scheißegal.« Und genau das war es nicht: Ich nahm den kleinen Handspiegel im Badezimmer, stellte mich mit dem Rücken zum etwas größeren Waschbeckenspiegel und hielt den Handspiegel in Augenhöhe, um die Schädeldecke zu betrachten. Ich suchte nach auffälligen Scheiteln und bohrte mit meinen Fingern in sie hinein, um deren Breite abzumessen. In der Kopfmitte hatte ich eine kleine, runde Stelle entdeckt, die mir zwar wie eine lichtdurchflutete Waldwiese vorkam, mich aber panisch wirken ließ. »Ich leide an Haarausfall, möglicherweise an dem heimtückischen kreisrunden sogar«, schoss es in mir mit gewaltigen Nervenimpulsen vom Zentralnervensystem fein verteilt bis in die obersten Hautschichten hinein. Ich hielt liebevoll meine Schädeldecke vor ihr Gesicht, bat sie, die Scheitel auf kahle Stellen zu untersuchen, mich beim Hauch einer möglicherweise helleren Stelle unverzüglich zu alarmieren, und forderte sie auf, aus meiner Kopfhaut ein Haar zu entnehmen, weil ich die Festigkeit der Wurzeln überprüfen wollte. Das lehnte sie zuerst ungestüm ab, ließ sich aber dennoch erweichen. Ich hatte ihr nämlich mit einem temperamentvollen Furz gedroht, der, war er mal aus meinem Darm entflohen, die komplette Wohnung in Windeseile im Gestank ertränkte. Das wollte sie auf jeden Fall vermeiden. »Na gut, dann zeig mal her.« »Fühle bitte auch über die Schädelmitte. Habe ich kreisrunden Haarausfall?« »Nein.« »Schau auf die Geheimratsecken. Sind sie groß?« Nein.« »Sind sie größer geworden?« »Nein.« »Die rechte aber schon.« »Nein, verdammt noch mal.« Das konnte ich nicht glauben, sah ich doch seit meiner Kindheit an den Seitenrändern großer Zeitschriften die Bewerbung von Haartransplantationen mit unattraktiven Männern im Vorher-Nachher-Vergleich: Vorher der hässliche Altonkeltyp vom Kinderspielplatz, der mit seinem schütteren Haar Karamellbonbons verteilt und im Wohnzimmer Erotikblättchen zum Wichsen aufschlägt. Nachher der vermeintlich gleiche Kerl mit kräftigem Haar und dem Ambiente des potenziellen Puffkunden. Ich erinnerte mich auch an diverse Haarwuchsmittelchen, die der Mann einfach nach der Haarwäsche mit einer Pipette auf die Glatzenstellen aufträgt oder einmassiert, damit er Monate später als dicht behaarter Urwaldaffe durch die Gegend rennen kann. Alternativ dazu entsann ich mich an teure Kunsthaareinflechtungen, die kahlköpfige Popstars wie Elton John nutzten, um die Rübe zu behaaren, oder an chinesische Wundermittel, die einfach nur in die Kopfhaut einmal täglich eingerieben werden. Also musste doch die alte Weisheit vom auftretenden Haarverlust bei Männern stimmen, auch bei mir armem Tropf, der bald die unwirksamen Haarerhaltungsprodukte nötig zu haben schien. Ich wollte meinem Schatz beweisen, dass mir die Kopfpracht ausfiel, und zwang sie, mir an den Haaren zu reißen. Unwillig zog sie, wie von mir gewünscht, an einzelnen Büscheln und entnahm mit ihrer Kraft ein paar Haare, was ich als eindeutiges Signal empfand: Meine Kopfhaut war angegriffen, ich musste dringend zum Arzt. Vorher schrieb ich die Anzahl der Einzelhaare auf dem unausgeschüttelten Kopfkissen auf, damit er sich von dem Stadium der drohenden Glatze ein genaues Bild machen konnte. »Es sind täglich mehr als zwanzig Haare auf dem Kissen, dazu kommt der Haarverlust im Kamm«, schilderte ich ihm meine Beschwerden. Daraufhin holte er aus seiner Schublade eine riesige, mit Licht ausgestattete Lupe, die ich meinem Schatz zu Weihnachten schenken wollte, damit sie täglich die Untersuchung meiner geschädigten Kopfhaut vollziehen könnte. Er bewegte das Vergrößerungsglas schwerfällig über mein Haupt, betrachtete jede auffällige Scheitellichtung, führte das Gerät auch an die Hinterseite und verschrieb mir danach ohne jeglichen Kommentar ein mir unbekanntes Kräftigungsmittel für die Haare, das ich auch ohne Arztbesuch rezeptfrei in jeder konventionellen Drogerie hätte kaufen können. Sein wortkarges Verhalten während meiner Visite hatte mich etwas verunsichert, woraufhin ich die Behandlung durch einen unangebrachten Hinweis auf meine Sackhaarfülle erfolglos aufzulockern versuchte: »Im Schambereich habe ich noch genug Haare. Dort sehe ich keinen Handlungsbedarf.« »Hol dir dein Rezept vorne ab.« Was ich auch tat, dann stand ich flotter auf der Straße als erwartet, fuhr nach Hause und nötigte meine Liebste, mir die Kopfhaut anstelle des Schwanzes kräftig zu massieren. Sie trug dreimal täglich das Haarwasser auf, streichelte die Schädelhaut besonders vorn im trügerischen Geheimratseckenbereich, zählte mit mir zusammen die Einzelhaare auf dem Kissen ab, worüber ich Buch führte. Waren es an einem Tag mal weniger Haare als am Tag zuvor, jubelte ich innerlich vor Freude, umgekehrt erstickte ich in Depression und erörterte, einen zweiten Spezialisten zu konsultieren. »Schatz, gibt es am Klinikum Augsburg einen Experten für Alopezie*?« »Fahr hin, dann weißt du es.«

Ein guter Tipp, denn am nächsten Tag stellte ich mich in der Ambulanz der Großklinik vor, doch nur für wenige Minuten. Als mich der Arzt in das Behandlungszimmer bestellte, schilderte ich ihm in Kürze mein diffiziles Haarproblem. »Ich glaube, ich verliere täglich immer mehr Haare.« »Aber Ihr Kopf ist doch voller Locken.« »Das täuscht, es werden weniger.« »Ich kann da nichts machen. Kommen Sie wieder, wenn Sie wirklich Haare verlieren.« Bis heute rätsele ich über die Botschaft dieser Aussage, aber seit diesem Tag versuchte ich, meine Kopfhaut mit natürlichen Substanzen zu pflegen. Was mir besonders in der Seele wehtat, war die Einseifung des Haares mit Flaschenbier. Irgendjemand hatte mir mal erzählt, dies sei für die Lebensdauer der Wurzeln sehr gesund. Wenn mein Schatz abends nach Hause kam, wollte ich witzig sein, stand an der Haustür mit heruntergelassener Hose und deutete auf die Scham: »Mein Haar ist bereits viel kräftiger geworden, seitdem ich es mit Bier wasche.« Susanne hörte gar nicht zu, obwohl ich tatsächlich auch das Sackhaar eingerieben hatte, allerdings ohne eine Schaumkrone!

* Haarausfall

Zungenkrebs vor den Toren Münchens

Ich mutierte immer mehr zum Landei. Manchmal stank ich auch nach Kuhmist, wenn die umliegenden Bauern ihre Felder bei schwülem Wetter gedüngt hatten. Außerdem unterhielt ich mich immer öfter auch mit typischen Dorftrotteln, die in lupenreinem, unverständlichem Bayerisch über die Nachbarn lästerten und irgendwie ein bisschen nach BSE oder Inzest aussahen. Allem Anschein nach hatte in der Gegend jede mit jedem mal kräftig gepoppt, völlig unabhängig von den verwandtschaftlichen Verhältnissen. Das Resultat: verbohrte Blödköpfe, die am späten Vormittag bereits zwei Weizenbiere getrunken hatten, mit dem Hinweis, es handele sich dabei lediglich um ein Grundnahrungsmittel. An den Sauftourneen der Mitbürger mussten wir uns ab und zu notgedrungen beteiligen, um als wertvoller Teil der Dorfgemeinschaft halbwegs anerkannt zu werden. Ich war das Trinken von alkoholischem Gesöff zwar gewöhnt, aber noch lange nicht so geeicht wie jene Scheunenficker mit den aufgedunsenen, roten Fratzen, die vor dem

Frühstück ihre zerfaulten Zahnhälse mit einem hellen Landbier putzten, um den Modergeruch aus mit Spucke vermischtem Rettich und gegärter Salzbrezel ein wenig zu übertünchen.

Das alles tat mir, offen ausgesprochen, gar nicht gut: Ich mauerte mich in unserem Wohnzimmer ein und öffnete nie die Tür, wenn jemand geklingelt hatte. Schließlich wollte ich mit diesem Personenkreis nichts zu tun haben. Eines Tages ließ Susanne dennoch fälschlicherweise einen wildfremden Mann in die Wohnung. Ich stand gerade in meiner Jogginghose im Büro, als plötzlich die Tür aufging und mein Schatz mich anflehte, eine gute Ausrede zu empfehlen. »Warum?«, hakte ich nach und riet ihr, den Dorfbarbaren einfach rauszuschmeißen. »Der Mann kommt nicht von hier, sondern aus München.« Da wurde ich hellhörig. Handelte es sich bei dem Gast um einen international renommierten Geschäftsmann, der uns von der Last der Landluftöde befreien konnte? »Er kommt vom Bayerischen Rundfunk«, erklärte sie mir, doch ihr fehlendes Strahlen im Gesicht ließ darauf schließen, dass er nichts Gutes im Schilde führte. »Findet er mich so gut?«, fragte ich unbeholfen nach und wusste zugleich die Antwort, die mit einem negierenden Kopfschütteln alles sagte. »Er kommt von der Gebührenabteilung und arbeitet im Auftrag der GEZ.« Jetzt endlich fielen bei mir die Groschen. »Was soll ich tun?«, flüsterte sie und schielte dabei auf den Mann mit dem schwarzen Mantel, der sich im Hausflur umschaute. »Geh raus und sage ihm, dass wir gerade erst eingezogen sind«, lautete mein unspektakulärer Geistesblitz, dem ich nach knapp drei Jahren im Freistaat keine authentische Notlügenwirkung mehr zusprach. »Er möchte sich auch die Rundfunkgeräte anschauen«, bekam ich jetzt zusätzlich noch um die Ohren geschlagen, was eine Katastrophe bedeutete, hatte Susanne doch vorab dem Kontrolleur erzählt, die Geräte seien brandneu und deshalb noch nicht angemeldet. »Aber den Fernseher haben wir doch schon seit den Neunzigern?«, entfuhr mir angsterfüllt die rhetorische Frage im Zeitalter von HDTV und aufwendigen, flachen Plasmabildschirmen, das wir mit unserem fetten Bildröhrengerät nicht widerspiegelten. »Du wirst das schon machen.« Dann ließ ich sie mit ihrem Schicksal allein, hörte und sah hinter der Tür, die nur einen Spaltbreit offen stand, wie sie ihm zu erklären versuchte, dass der alt aussehende Fernseher ein Fehlkauf gewesen und sie damit verarscht worden sei, aber darum könnte sie sich ohnehin erst kümmern, wenn die Wohnung mal fertig eingerichtet sei, was der Mann von der GEZ ihr nur scheinbar abnahm. Trotzdem verschwand er, sodass ich mich aus meinem feigen, verpupten Versteck herauswagte, um mir von meiner Liebsten eine zickige Generalpredigt anzuhören: »Immer wenn es brenzlig wird, schleichst du dich davon.« Da hatte sie recht, aber ich gab es nicht zu, was ich am Tag darauf mit einem seltsamen Fleck auf der Zungenmitte büßen sollte. Ich hatte ihn durch Zufall bei der zur Routine gewordenen täglichen Gesamtkörperkontrolle am Waschbeckenspiegel entdeckt. Die befallene Fläche sah gelblich aus und hatte einen rötlichen Rand, der mich aufhorchen ließ. Was um Himmels willen hatte ich geleckt und war nicht hygienisch sauber?* War es das unsaubere Bierglas ein paar Wochen zuvor auf dem Münchener Oktoberfest gewesen, oder wo genau lag die Ursache dafür?** Akribisch versuchte ich mir ein Bild von der entartet wirkenden Erscheinung des Zungenflecks zu machen, doch tippte ich nach meinen Recherchen immer wieder auf einen Zungenkrebs, der meine Restlebensqualität radikal einschränken würde. So wiederholte sich ganz zum Leidwesen Susannes die ihr schon bekannte Selbstdiagnose, die ich mit ihrer Hilfe ausgerechnet am Frühstückstisch zelebrierte. Dabei streckte ich meine mit nur zur Hälfte verdautem Brot belegte Zunge, die man im Roggenspeichelbrei kaum zu erkennen vermochte, komplett heraus. Erst als ich die Pampe fertig zerkaut und dann stückchenweise runtergeschluckt hatte, offenbarte sich ihr der Blick auf eine seltsame Landschaft, die mit ihrem bestechenden Gelbton alles andere als ge-

* Nicht, was Sie denken!

** Pfui, das war es nicht!

sund aussah. »Lass das doch mal von einem Arzt abklären«, musste ich mir von Susanne sagen lassen, was mich sehr erschrak.

Am darauffolgenden Tag besuchte ich eine unsympathische HNO-Ärztin in Fürstenfeldbruck, die einen Abstrich von der Zungenoberfläche veranlasste und mir eine schmierige Creme verschrieb, die ich einmal täglich auf die Zungenmitte erbsengroß auftrug und sanft mit dem Zeigefinger einmassierte. Eine Woche lang zog ich dieses mir verordnete Programm konsequent durch, aber es gab überhaupt keine Anzeichen auf Besserung. »Ich geh lieber noch mal da hin«, kündigte ich meiner Liebsten frühmorgens in Sorge an, und sie konnte mich von dem Besuch bei der HNO-Hexe nicht abhalten. Als sie daraufhin den erkrankten Zungenmuskel noch einmal gründlich inspizierte, beobachtete ich sie, und ihre gerunzelte Stirn verriet nichts Gutes: »Ich überweise Sie zwecks Abklärung des Befundes zu einem Dermatologen, das gefällt mir nicht.« Mehr konnte ich ihr nicht entlocken, am Empfang wurde mir wortlos der Überweisungsschein übergeben, mein Sack ertrank in einer Lache aus Angstschweiß, der nach einer heftigen Hitzewallung über den Bauch unter die Gürtellinie gelaufen war. Warum wurde ich so plump abgewiesen? Ahnte sie das um sich greifende Todesgeschwür, das sich bis auf den Zungengrund krebsartig ausgedehnt und die Halslymphknoten befallen hatte? Völlig aufgelöst verließ ich ihre Praxis, weinte jämmerlich ins Handy, ich müsste sterben, obschon Susanne längst aufgelegt hatte, informierte meinen Arbeitgeber, ich könnte wegen einer anstehenden Untersuchung nicht erscheinen, und fuhr zur Praxis des Hautarztes, den die Herrin des Halses empfohlen hatte. Was mich dort erwartete, entpuppte sich als der pure Horror: Der Mann, der eine dicke Hornbrille trug, prüfte die glitschige Stelle auf der Zunge, nahm die Brille ab und eröffnete mir, was ich nicht hören wollte: »Ich weiß nicht, was es ist. Ich verschreibe Ihnen eine Salbe, und wenn es davon nicht weggehen sollte, werden wir weitere Schritte veranlassen.« »Was heißt das?« »Dann schauen wir uns die Zunge näher an.« »Was könnte es denn sein?« »Alles Mögliche: eine Infektion, eine Allergie, in ganz seltenen Fällen auch etwas anderes.« »Und was genau?« Kurze Denkpause, dann das Inferno aus des Meisters Mund: »Zungenkrebs.« Stille im Raum, der Arzt wusste nicht, was er da gerade ausgesprochen hatte, das letzte Wort wiederholte sich in meinem Gedächtnis wie ein alpines Echo. Dann klappte ich in seinem Behandlungszimmer zusammen und fiel mit kalkweißem Gesicht auf den Boden. »Nein, das kann nicht sein«, schrie ich ihn weinerlich an. Der Mann hatte mit dieser Reaktion keinesfalls gerechnet, er bestellte seine Arzthelferin ins Zimmer, und beide schleppten mich auf die bereitstehende Patientenliege, neben der der Arzt, als ich endlich lag, meine Füße hochhielt, damit das Blut wieder in den schockbedingt kurzgeschlossenen Kreislauf zurückströmen konnte. »Bitte beruhigen Sie sich, das heißt ja nichts, ich glaube nicht, dass es Krebs ist«, argumentierte er leicht unbeholfen, denn meine Panik befand sich auf dem Höchstlevel. Ich versuchte, meinen schier unerschöpflichen Tränenfluss zu stoppen, hakte mit journalistischem Gespür vehement nach: »Wie können Sie das ausschließen?« »Indem ich in ein paar Monaten eine kleine Zungenprobe entnehme, es handelt sich dabei nur um einen kleinen Schnitt, der nicht wehtut.« Der Arzt hatte eine grässliche Ahnung verkündet, mir blieb gar nichts anderes übrig, als das Zepter selbst in die Hand zu nehmen, um nicht monatelang und möglicherweise mit viel zu großer Verspätung zu leiden: »Bitte entnehmen Sie die Zungenprobe noch heute«, bettelte ich ihn mit feuchtem Blick an, was ihn, der eigentlich gerade Mittagspause machen wollte, ins Mark traf. »Sie meinen: Jetzt?« »Ja, bitte.« Und vielleicht nur, weil er Angst davor hatte, ich könnte mir nach dem Arztbesuch etwas antun, willigte er auf alles ein. »Bitte informieren Sie vorher meine Lebensgefährtin, ich kann nicht telefonieren.« Auch das erledigte er prompt. Er wählte ihre Rufnummer und verkündete mit einem leichten Lächeln, das mir verriet, wie ernst er mich nahm, ich wäre zusammengeklappt und würde in wenigen Minuten an der Zunge operiert werden – was zur Folge hatte, dass sich mein Schatz mit mir verbinden ließ: »Das ist jetzt nicht dein Ernst?«, hörte ich sie am anderen Ende in die Leitung prusten. »Ich muss, es bleibt mir nichts anderes übrig«, erwiderte ich. »Es geht hier um Leben und Tod. Bitte unterstütze mich.« Dann legte sie auf, und ich wurde in einen kleinen OP geführt, in dem normalerweise Leberflecke und Warzen entfernt werden. Ich erlebte seltsame Momente des bevorstehenden Grauens und wurde auf den anstehenden chirurgischen Eingriff vorbereitet: Der Arzt und seine Helferin, die von meinem selbstmitleiddurchsetzten Jammerlappenanfall nach wie vor schockiert waren, zogen sich selbst und mir ein grünes Kittelchen an, mein Gesicht wurde, bis auf die Augen und die Zunge, die ich durch einen Schlitz stecken sollte, vollständig eingekleidet. Bevor der ansonsten nette Arzt, der vermutlich an diesem Tage nicht mehr zum Mittagstisch gelangen sollte, die üblichen Belehrungen über die Risiken zum Besten gab, fragte ich sicherheitshalber noch einmal nach. »Wird es wehtun?« Der Mann schüttelte gekonnt den Kopf. »Nein, vielleicht zwickt die Spritze ein wenig, mehr nicht.« Diese Worte höre ich noch heute in meinen klingenden Ohren, und sie sind genauso wertvoll wie Bill Clintons öffentliches Dementi der Lewinsky-Affäre, denn kurz darauf setzte der Arzt die Betäubungsspritze auf die Zungenoberfläche, fragte nach, ob es mir gut gehe, und durchlöcherte mit feinem Druck den empfindlichen Muskel. Blut ergoss sich in den Mund, ich konnte es an meinen Rachenmandeln spüren und dezent schmecken, aber noch viel schlimmer: Es war ein unbeschreiblich intensiver Schmerz, der sich lokal wie eine Welle über die gesamte Zunge stechend und hämmernd zugleich ausbreitete. Was ich, aber auch der Arzt unbedingt hatten vermeiden wollen, geschah leider: Ich kreischte donnernd und lärmend in gellenden Tonintervallen durch das in die Mittagsruhe eingestillte Ärztehaus hinein, auch als der Arzt mit »Es ist halb so schlimm« die angespannte Lage einzudämmen versuchte – ein monströses Gewinsel voller Marter, eine Wehklage des Todeskandidaten, dessen Verdacht bald histologisch bewiesen sein sollte. Mein Geheul wurde wie immer missachtet, der Chirurg schnitt bereits die Probe aus der Zungenfläche kreisrund raus; jeden Einstich in das Fleisch konnte ich durch die sanfte Betäubung, die unmittelbar nach der Spritze einsetzte, durch ein steiniges und metallenes Fremdkörpergefühl am Zungenboden orten; die Helferin hielt dabei lieblos meine zu Blei erstarrte Zungenspitze fest, damit der Arzt nicht den Rest des Muskels verletzte. Dann zeigte er mir die glänzende, farbige Probe, ließ sie in einen Behälter flutschen und ergriff vor meinen entsetzten Augen Nadel und Zwirn, um die blutig sprudelnde Wunde schmerzhaft zu vernähen. Er durchstach mehrmals mit der Nadelspitze die klaffende Blessur, riss dahinter ein Stückchen Garn durch die geschaffenen Löcher und vernähte die ihm voller Pein und Qual entgegenzuckende Zunge, während ich heiser weiterschrie, zum Schluss schnitt er den verknoteten Fadenrest ab. »Das war's. Das Ergebnis gibt's in einer Woche.« Was bedeutete, dass ich eine Woche lang in einer bejammernswerten Ungewissheit leben musste, doch vorher sollte ich erst einmal meine geschwollene Zunge erleben. Dick, unbeweglich, taub, empfindungslos, schlapp und schwer – so könnte man den schwulstigen Lappen in meiner Mundhöhle nach der OP bezeichnen. Ich konnte nicht mehr sprechen und meldete mich logischerweise bei meinem Arbeitgeber für die kommenden Tage erst einmal krank: »I ka ni meer re en. Eei e Ung e iss ick«, was so viel bedeuten sollte wie »Ich kann nicht mehr reden, meine Zunge ist dick.« Ich konnte sie aufgrund ihres Volumens nicht mehr vollständig im Mund verstecken, sodass ich tagelang wie ein sabbernder Bernhardiner herumlief, dem lediglich ein Fässchen um den Hals fehlte. Susanne war begeistert, weil ich nicht mehr redete und sie endlich mal ein wenig Ruhe vor mir hatte. Das Einzige, was sie vernahm, waren meine johlenden Schreie während der Nahrungsaufnahme mit Kinderbreien, weil ich weder anständig kauen, geschweige denn schlucken konnte. Stattdessen lamentierte und flennte ich durch die Wohnung, sah mich als

Hospizfall mit der von der Geschwulst völlig zerfressenen Zunge im Sterbebett schwitzen und verdrängte den D-Day, an dem ich, wie abgemacht, einen Anruf vom Arzt bekommen sollte. Am Tag des Resultats hatte ich einen penetranten Durchfall, war unausgeschlafen, weil ich stündlich auf die Uhr geschaut hatte, und zitterte vor Angst, als auf meinem Handy die Rufnummer des Arztes erschien. Trotzdem hob ich mit gespielter Fröhlichkeit ab: »Guten Tag, was gibt's?«, eine richtig blöde Frage mit einer unglaublichen Antwort zum Dramenende: »Sie haben einen Pilz auf der Zunge und bekommen Tabletten.« Anscheinend hatte ich doch zu viel geleckt.

Grauen im Hintern

Es änderte sich nichts, nur wurde im Hörfunksender plötzlich der alte Chef gegen einen neuen ausgetauscht. Der alte, ein netter Kerl, war immer meine Garantie auf Weiterbeschäftigung gewesen, doch diese Zeiten gehörten mit dem neuen Geschäftsführer endgültig der Vergangenheit an: Martin Schelasky war ein junger Schnösel, der mit Nabelschnur und Krawatte das Licht der Welt erblickt hatte. Auch sein mäßiges Betriebswirtschaftsstudium schien ihm nicht gutgetan zu haben. Jeden Morgen drohte der Softyuppie in seinem peinlichen Anzug, der immer ein wenig nach billiger Kaufhaus-Herrenkonfektion aussah, das Personal rauszuschmeißen, falls die Qualität der Arbeit zu wünschen übrig ließe. Das hatte zur Folge, dass sich die Belegschaft in Pro- und Kontra-Schelaskys aufteilte. Und da ich leider der zweiten Gruppe angehörte, wurde ich ein paar Monate später mit den übrigen Gruppenteilnehmern vor die Tür gesetzt. Ein paar Tage vor dem spektakulären Rauswurf allerdings machte sich mein »Leck-mich-am-Arsch«-Gefühl bereits körperlich bemerkbar: Mein Schatz und ich saßen morgens an der gedeckten Kaffeetafel, als ich ihr zu verstehen gab, dass ich dringend kacken musste. Also stolzierte ich gut gelaunt auf die Toilette, drückte die Wurst in die Schüssel hinein, spülte mit Wasser nach und wischte mir die beschmierte Anusfurche mit dem teuren vierlagigen Toilettenpapier ab. Just genau in diesem Wischprozess, bei dem sichtbare Kotreste von der Anushaut auf den Papierstreifen wechselten, brach die Welt für mich wie nie zuvor zusammen. Ich hatte mit den Fingern, die sich in das Klosettpergament gebohrt hatten, einen riesigen Knoten im Eingangsbereich zum Mastdarm ertastet, seine Größe konnte ich nur erahnen. Flott zog ich das beschissene Papier ab, ließ die Hose in den Kniekehlen hängen und tänzelte mit nacktem Hintern ins Speisezimmer, in dem meine bessere Hälfte gerade in ein mit frischer Himbeermarmelade beträufeltes Brötchen biss. Ihr stockte der Atem, als sie mich aufgelöst und im Adamskostüm im Türrahmen erblickte. »Was ist denn nun schon wieder?«, fragte sie halb neugierig und halb genervt. »Das muss ich dir zeigen.« Ich streckte ihr meinen Hintern entgegen, hielt ihr den abgeputzten Arsch so nah wie möglich ans Gesicht und spreizte mit den Fingern die Pobacken, damit sie einen Logenblick auf die Anusritze werfen konnte. »Was ist da? Ist es was Schlimmes?«, stammelte ich voller Furcht und deutete auf den von mir vorher erfühlten Knubbel. Es folgte eine kurze Redepause, die nichts Gutes verhieß, denn mein Schatz atmete mehrmals tief durch, um mir dann die falschen Worte ins Ohr zu blasen: »Ich weiß gar nicht, wie ich es dir sagen soll«, sagte sie, nachdem sie ihr gesamtes Mutpotenzial ausgeschöpft hatte, löste damit aber eine unglaublich wuchtige Schrecklawine aus. Selbstverständlich fauchte es aus mir heraus: »Was hast du da gerade gesagt?« Sie machte den großen Fehler, sich mit dem Satz zu wiederholen, und bestätigte die Existenz einer wulstigen Erscheinung am Afterausgang. Offenbar handelte es sich um ein neues Gewächs, das ich sofort als mögliche Mastdarmgeschwulst identifizierte. Ich wusste nicht, ob Teile des Darms oder ausschließlich die muskulöse Manschette rund um den Anus betroffen war, weshalb ich mich entschloss, das betroffene Gewebe meiner Liebsten gegen ihren Willen an jenem Tag mehrfach zu zeigen. »Ich kann es nicht mehr sehen«, stöhnte sie nach Sonnenuntergang, weil ich sie um eine stündliche Kontrolle der schmerzenden Wölbung gebeten hatte. Auch meine Frage, ob die Wucherung größer geworden sei, dementierte sie heftig, um endlich ihre Ruhe davor zu haben. »Geh einfach morgen früh zum Arzt«, fasste sie den Tag, der im wahrsten Sinne des Wortes »für den Arsch« war, zusammen.

Und tatsächlich fuhr ich tags darauf nicht zu Dr. Kraumer, sondern direkt zu einem Internisten, der sich den gründlich gesäuberten Hintern aus der Nähe anschauen sollte. »Hose runter«, befahl er prompt, dann bückte ich mich wie schon so oft beim Urologen, nur fuhr der Arzt nicht mit dem Finger in den Darm, sondern weitete stattdessen die Arschregion, weil er sich davon die exakte Diagnose erhoffte. Ich betete in diesem Moment zum lieben Gott, zu allen Heiligen und zur Jungfrau Maria, der Doktor möge mich von einem tödlichen Mastdarmtumor, der in Windeseile Metastasen streuen konnte, verschonen. »Es tut auch während des Stuhlgangs weh, wenn der Kot die Stelle passiert«, erklärte ich zusätzlich, damit der Doktor ein möglichst umfassendes und anschauliches Krankheitsbild erstellen konnte. Ich war von meiner eigenen Bangigkeit paralysiert, hoffte auf eine schnelle und wirksame Therapie, falls der Krebs frühzeitig entdeckt würde, und hörte mit Grausen das Urteil des Maître: »Sie leiden an einer Analvenenthrombose, die wir entweder medikamentös mit einer Salbe oder direkt chirurgisch behandeln können.« Thrombose und kein Krebs? Hatte Gott meine Gebete erhört, oder hatte sich der Arzt etwa geirrt? »Es ist eine Venenaussackung, eine Art äußere Hämorrhoide. Mit der Salbe dauert es etwas länger, wenn wir sie aber aufschneiden, wird es gleich besser.« Das hörte sich ziemlich vernünftig an, insbesondere weil der Arzt nach der OP den Befund direkt noch einmal begutachten konnte, also entschloss ich mich spontan für den Eingriff vor Ort. Das hätte ich besser nicht getan: Nachdem ich Susanne telefonisch auf der Arbeit über den etwaigen Befund informiert und sie auf das bevorstehende Blutgemetzel vorbereitet hatte, durfte ich mich, mit dem nackten Arsch zum Arzt und dessen zwei Arzthelferinnen gedreht, auf eine Liege legen. Dort brüllte ich zuerst einmal die gesamte Praxis zusammen, als der Doktor mir eine Betäubung intravenös in den After injizierte. Nie zuvor hatte ich einen solchen durch einen einzigen Stich verursachten Schmerz erlebt. Zwar hatte mich der Internist vorher über die große Anzahl von Nervenenden im Anusbereich aufgeklärt, ich war jedoch zu blöd gewesen, die Worte zwischen den ausgesprochenen Zeilen richtig zu deuten. Der Arzt platzierte mehrere Stiche in die Muskelmanschette rund um den After, die sich immer wieder schmerzhaft verkrampfte. Dass er dabei vergeblich »Entspannen Sie sich« rief, hatte ich völlig überhört, die Pein war zu intensiv und strahlte sowohl bis in den Rücken als auch in die Bauchhöhle hinein. Er durchdrang flink wie ein Wiesel die angespannten Fleischfasern rund um die Venenbeule, massierte danach mehrmals über den nachschmerzenden Arsch und betonte immer wieder, ich würde in wenigen Sekunden nichts mehr spüren. Damit schien er augenblicklich recht zu behalten; da ich aber während des Handgemenges im Arschloch dringend pissen musste, vernahm ich ein nie zuvor vernommenes Ziehen, weil der Arzt mit seiner ganzen Kraft die Vene nur mithilfe eines scharfen Skalpells ausquetschte. Er durchstach punktgleich mit der einsetzenden Schmerzfreiheit den hügeligen Knoten, er presste ihn mal im Enddarm, mal vor der Manschette aus – ich fühlte mich wie von einem Sexmonster mächtig durchgefickt. Sein weißer Kittel verfärbte sich mit roten Blutspritzern, aus meinem Hintern träufelte der Lebenssaft auf die Liege, und trotzdem konnten alle Beteiligten von Glück reden, dass ich nach dem Frühstück kräftig geschissen hatte, weil sonst noch etwas ganz anderes in des Meisters Hände geflutscht wäre. »Wir können die Wunde nicht vernähen, tragen Sie bitte ein paar Stunden Windeln, bis die Nachblutung gestoppt ist«, beendete der Mann die halbstündige Zerfleischungsorgie. Auch ich war trotz des mit riesigen Watteballen zugestopften Arsches froh, die chirurgische Intervention gut überstanden zu haben. »Und es ist kein Krebs?«, sagte ich zum Abschied. »Auf Wiedersehen und gute Besserung«, antwortete der Internist und entließ mich mit dem Blutpo in die Welt.

Die kommenden Tage ließ ich mich erst einmal von meinem Schatz pflegen, besonders das Kacken war eine Tortur, weil dadurch permanent das wunde Arschloch wieder aufgescheuert wurde. Meine Liebste wischte mir vorsichtig den Hintern ab, weil ich mich an die Verletzung nicht heranwagte. Obgleich aller postoperativen Vorsichtsmaßnahmen gab es unerwartete Komplikationen: Auf der Arbeit verschlechterte sich nicht nur das Klima, sondern auch der Zustand meines blutenden Hinterns. Ich musste öfter früher nach Hause gehen, weil sich eine saftige Blutsuppe vor der Wunde gebildet hatte. Deshalb rief ich kurze Zeit darauf den Internisten noch einmal an, der mich zu einem Proktologen, einen auf Arscherkrankungen spezialisierten Mediziner, überwies. Dort angekommen, musste ich mich auf eine Art gynäkologischen Stuhl setzen, auf dem ich meine Problemzone dem Arzt und seinen Helferinnen direkt entgegenstreckte. »Ich muss das noch mal ausdrücken«, warnte er mich vor. »Mit oder ohne Spritze?«, fragte er, wohl wissend, dass es egal war, denn mit Betäubung würde der Arsch vor dem Eingriff und ohne während des Blutbades höllisch schmerzen, also begrüßte ich die zweite »Ein-Indianer-kennt-keinen-Schmerz«-Variante. Als der Arzt aber dann mit einer Pinzette die verkrustete Vene wiederholt aufstach, plärrte ich mit 130 Dezibel wie Klein Oskar aus dem Filmklassiker »Die Blechtrommel« und schrie meinen behandelnden Heiler mehrmals an. Zusätzlich wollte ich ihm ins Gesicht schlagen. Dieser gestand nach wenigen Minuten, noch nie habe jemand in seiner Praxis so erbärmlich gebrüllt. Doch das war mir egal: Die vermeintliche Geschwulst war Geschichte, ich wurde tags darauf entlassen.

Speiseröhrenkrebs à la Rheinland

Das hatte gerade noch gefehlt: Ausgerechnet im Land eines bayerischen Ministerpräsidenten Edmund Stoiber, der es wie kein anderer verstand, mit der Vollbeschäftigung seiner meist konservativen Landsleute zu prahlen, war ich arbeitslos geworden. Ich tat zwar, was man so tun kann, wenn man aus Altersgründen von sämtlichen Firmen abgelehnt wird, aber die zahlreichen Bewerbungen nutzten gar nichts. Der Heiland war mein alter Freund Walter, der seine Beziehungen zu einer namhaften Münchener Fernsehanstalt spielen ließ, was zu einem Casting führte. TV-Produzent Carsten Wollerbredl, der mich sehr freundlich empfangen hatte, schien zufrieden zu sein. Ich bekam den Job vor der Fernsehkamera, bei dem ich Anrufer morgens mit saudummen Spielen ans Telefon locken sollte, damit sie die kostbaren 49 Cent investierten. So hatte ich einige Monate das große Glück, TV-Zuschauer mit plumpen Spielen zu verarschen, bis der Sender auf umsatzsteigernde Nacktweiber setzte. Anscheinend war den Programmverantwortlichen aufgefallen, dass ich und die anderen Männer nicht so schöne Titten hatten, woraufhin sie sich auf den Einsatz von Moderatorinnen einigten. Da stand ich nun wieder: kein Job, dafür bald aber Hartz IV, wenn nicht Wollerbredl mich gerettet hätte. Seine Idee, mit ihm zurück ins Rheinland zu gehen, durchdachte ich mit meinem Schatz ein paar Nächte, dann sagte ich zu. Ein paar Wochen später zogen wir um, weil ich mit ihm, meinem zukünftigen Chef, bei einem völlig neuen Teleshoppingsender in Düsseldorf anfing, der sich in einer Nacht-und-Nebel-Aktion rasch gegründet hatte. So bezogen wir ein neues Haus. Genauer gesagt: Susanne regelte den kompletten Umzug zusammen mit meinen Eltern, weil ich mit einem selbst heute noch unerklärlichen Brechdurchfall das Bett hüten musste. Dafür bezog ich die neue Heimat in der Nähe von Köln so, wie ich es immer getan hatte: nachdem sie bereits komplett renoviert und eingerichtet worden war. Ich hatte Schiss vor dem neuen Job und mein Schatz chronische Rückenschmerzen, weil sie alle Möbel im Alleingang geschleppt hatte, während ich in Bayern ein grässliches Pensionszimmer vollgereiert hatte. Dafür hatte ich erst einmal eine sichere Arbeit: Ich verkaufte Schmuck. Je länger ich das tat, umso übler fand ich meinen neuen Beruf. Ich bekam öfter ein heftiges Magendrücken und besonders nach den Essensgängen heftiges Sodbrennen, dem ich ursprünglich keine große Bedeutung zuwies. Das machte die Sache keinesfalls besser: Besonders das Brennen in Magen und Speiseröhre nahm mit den Monaten extrem zu. Manchmal wurde ich nachts von nahezu überschwappender Magensäure wach, die in der Speiseröhre aufgestiegen und bis an den Kehldeckelrand gelangt war. Dann ergoss sich ein Teil des Magensaftes in die Mundhöhle, was nach bitterer Galle und süßlich saurer Kotze roch und schmeckte. Als sich das mehrmals hintereinander wiederholte, wurde mir bang: Ein heimtückischer Magentumor oder ein sich ausbreitender Speiseröhrenkrebs könnten die Ursache für das Übel sein, das mir, sobald ich im Bett lag, Beschwerden bereitete.

»Bitte höre mir einmal zu«, wünschte ich mir von Susanne, der ich, ohne dass sie zuhörte, von meiner grausamen Befürchtung berichtete. »Ich habe Speiseröhrenkrebs, weil er sich aus der aufsteigenden Magensäure im Gewebe bilden kann, und der verursacht genau diese Beschwerden wie Oberbauchschmerzen oder brennende Schmerzen nach dem Essen.« Ich hielt ihr zur Verstärkung der Aussage meinen nackten Bauch hin, zeigte ihr meine Zunge, auf der ich im Gegensatz zu ihr den Ansatz eines weißen Belages entdeckt hatte, bat sie, zwischen die beiden letzten Rippen fest zu drücken, weil sie mich dann jäh aufschreien sah, und schilderte ihr, was alles passieren könnte, falls die Ursache zu spät erkannt würde. »Auch eine neutralisierende heiße Milch mit Honig, die ich mir nachts, wenn du schläfst, heimlich zubereite, nutzt nichts mehr«, weinte ich in ihre tauben Ohren hinein. Es ließ sie vollkommen kalt, auch wenn ich, wie in diesem Fall, mit auf allen Ebenen scheußlichen Symptomen zu kämpfen hatte. Das Einzige, was sie mir riet, war: »Geh doch einfach wieder zum Arzt«, und ich fand, es war ein guter Tipp. Ich hatte einen sehr netten Mediziner empfohlen bekommen, bei dem ich mich ein paar Wochen vorher bereits vorgestellt hatte, obwohl Susanne davon abgeraten hatte. »Warum musst du dahin, wenn du nichts hast?«, entgegnete sie auf meinen Wunsch, den Neuen zu besuchen. Dr. Morkel zeigte dafür sehr viel Verständnis, und als ich ihm ein paar Wochen später von meinem akuten Leiden berichtete, verschrieb er mir einen äußerst effektiven Protonenpumpenhemmer, der die Überproduktion von Magensäure reduzieren sollte, warnte aber auch vor den möglichen Gefahren: »Sollten sich die Beschwerden nicht bessern, machen wir mal eine Magenspiegelung.« Seine Zornesfalten auf der Stirn verrieten nichts Gutes, eine Tsunamiwelle voller Furcht ergriff meine tief verwundete Seele, und so stellte ich ihm die alles entscheidende Frage: »Was kann es denn sein?« Erfahrungsgemäß wanden sich Ärzte auf diese direkte Art der Problemerörterung meistens wie Politiker mit inhaltslosen Umschreibungen heraus, auch der nette Morkel zählte überdies zu dieser Spezies: »Alles Mögliche, das werden wir dann sehen. Aber nehmen Sie zuerst einmal die Tabletten.« Ich hielt mich an die verabreichte Medizin, hatte aber das ständige Gefühl, ein furchtbarer und bereits gestreuter Speiseröhrenkrebs habe meine Innereien vergiftet – ich litt an unerwarteten Schluckbeschwerden, dem bewusst wahrgenommenen Brennen zwischen den Rippen, an Schwächeschüben und an der penetranten Magensäure, die meinen Mund nachts ohne Anmeldung besuchte. Konsequenterweise überraschte ich Morkel ein paar Tage später wieder in dessen Praxis, um ihm die schwache Wirkung des Medikamentes zu erklären. »Dann sollten wir uns das Ganze mal von innen anschauen«, empfahl er, und ich wusste, was es bedeutete: Ich sollte in Kürze meine erste gastroskopische Erfahrung machen. Ein paar Wochen später bekam ich den Termin, der den Krebs bestätigen oder ausschließen sollte, in einem nahe gelegenen Krankenhaus. Mein Schatz hatte sich extra für diesen Tag Urlaub genommen, denn sie sollte mir die Kraft für die Spiegelung geben. Gelangweilt saß sie im Wartezimmer vor dem OP, in den ich, nachdem ich ein entschäumendes Mittel und einen Rachenbetäuber geschluckt hatte, geleitet wurde. »Wollen Sie eine leichte Narkose oder nicht?«, fragte mich vor der anstehenden Untersuchung eine Krankenschwester, woraufhin ich die falsche Wahl, nämlich aufgrund meiner

Betäubungsangst eine Narkose abzulehnen, traf. »Wir weiten Ihren Magen mit Luft, es kann sein, dass Sie nachher Blähungen haben«, klärte sie mich auf. Ich hatte gar keine Zeit mehr, ihr mitzuteilen, dass ich ohnehin viel furzte – da setzte der diensttuende Internist mir einen kleinen Trichter auf den Mund, durch den er Sekunden später das fette Gummirohr mit dem am Ende befestigten Spiegel schob. »Ruhig bleiben und tief durchatmen«, befahl er mir. So stopfte er mir, auch wenn ich hilflos würgte und Galle brechen wollte, sein Observationsgerät in die Speiseröhre und drückte es langsam in den Magen hinein – es war so, als würde man große Dosenbockwürste unzerkaut hintereinander runterschlucken. Es zwickte und war äußerst unangenehm, besonders weil die Krankenschwester mich mehrfach aufforderte, zu entspannen, und der arrogante Chirurg vermeintlich witzige Beruhigungsversuche wie »Sie brauchen nur stillzuhalten, wer hier arbeitet, bin ich« zum Schlechtesten gab. Den Höhepunkt der unbetäubten Folter bildete die Gewebeentnahme mit einer kleinen Schlinge oder Zange, die der Arzt in das geschluckte Rohr hielt, mit dem er Proben aus dem Zwölffingerdarm und aus dem Magen entnahm, was ich immer an einem leichten Kneifen spürte. Da ich den Trichter im Mund hatte und zur Seite geneigt Kotzgeräusche während der Prozedur von mir gab, konnte ich mich nicht artikulieren, geschweige denn schreien, auch wenn ich das am liebsten getan hätte. Dann zog der Gott der Spiegelungen das endoskopische Rohr langsam und gemächlich aus dem Magen heraus – ein Gefühl, als würde man die Bockwurst am Stück rausreiern. Es hatte etwas Erlösendes, als ich das Ende mit dem kleinen Spiegel in der Mundhöhle spürte, es wurde mir mit dem Trichter zusammen entfernt. Ich spuckte einen klebrigen Gallesaft in eine bereitliegende Serviette und fragte den Arzt, ohne mit der Wimper zu zucken, ob der Speiseröhrenkrebs bereits fortgeschritten sei. »Nein, Sie haben die typische Refluxkrankheit* und eine Hernie**. Schlucken Sie täglich Omeprazol. Auf Wiedersehen.« Dann stand ich auf, verließ das Hospital und furzte meinen Schatz kräftig voll.

* Rückfluss von Magensaft in die Speiseröhre

** Bruch, in diesem Fall Zwerchfellriss

Darmkrebs mit starken Blähungen

Mittlerweile habe ich dem Job beim Teleshoppingsender wieder den Rücken gekehrt. Ich bin endlich wieder als Journalist und Musiker tätig, gehöre aber jener Fraktion der freien Künstler an, die wie Carl Spitzwegs armer Poet im Bett vor sich hin leiden. Natürlich zu Susannes Unmut: Sie muss es gänzlich ertragen. Bis heute hat sich mein Gesundheitszustand kaum verändert. Jedes Jahr genieße ich mehrere tödliche Erkrankungen, die ich mir vorher nicht ausgedacht habe. Es sind schließlich die Symptome, die mich überraschen und Anlass für einen Arztbesuch geben. So wollte ich das Buch eigentlich mit dem Speiseröhrenkrebs beenden, doch mitten in der Niederschrift wurde ich von einer sehr unangenehmen Variante einer Darmerkrankung gestört. Schon seit einiger Zeit hatte ich mal wieder an einem dicken Luftbauch gelitten, aber jetzt bestand akuter Handlungsbedarf. Die Gase brodelten permanent. Mein Schatz beschwerte sich, sie könne nachts nicht schlafen, weil ich beim Umdrehen stark furzte. »Wenn du weiterpupst, schlafe ich von nun an im Gästezimmer.«

Eine grässliche Drohung, die mich zum vereinsamten Eigenbrötler unter den Profifurzern verdonnerte. Ich versuchte, der Ursache auf die Spur zu kommen, und nahm mir vor, häufiger beim Stuhlgang in die Kloschüssel zu schauen. Unglücklicherweise erledigte ich diese gewöhnungsbedürftige Art der Kotobservation an einem netten Abend, den wir in einem besseren Restaurant verbrachten. Während der Hauptspeise traf mich der Gassturm unerwartet wie der Blitz. »Ich muss dringend auf die Toilette, weil ich nicht weiß, ob ich scheißen oder nur furzen muss«, lauteten meine zugegebenermaßen markigen Worte, die Susanne hören musste, als sie gerade auf einem saftigen Filetsteakstückchen kaute. Ich erhob mich in Windeseile, rannte zum Herren-WC, und als ich zurückkam, war ich ein anderer Mensch, weil ich in der Zwischenzeit einen grausigen Befund begutachtet und anschließend mit der Spülung abgezogen hatte, auch wenn ich zu gern den Haufen als Kotprobe für den Arzt mitgenommen hätte. Ich gesellte mich wie ein Häufchen Elend zu Susanne, die immer noch das Essen genoss. »Stell dir vor, ich habe leichten Durchfall, der sich mit einem kräftigen Gasknall angekündigt hat. Aber das Schlimmste: Beim Furzen träufelte gelber, schaumiger Schleim aus meinem Po. Ich habe Angst, es könnte Krebs sein.« Redepause, entsetzte Blicke, sie verstand mich nicht, ich konnte nichts mehr essen, der Abend war versaut. Tags darauf das gleiche Krankheitsbild, als ich mich in der Kloschüssel umschaute: glibberiger Dünnkot, mächtige Furzattacken im Vorfeld und gasige Nachbeben mit Schleimzusatz. Ich surfte im Internet, weil Mutters Buch 65 Kilometer entfernt im Wohnzimmerschrank lagerte, und traf auf die bittere Wahrheit: Meine Fürze wurden von Experten als Flatulenz des falschen Freundes definiert, sprich Gase, die mit explosivem Krawall und Kotbeimischungen den Hintern verlassen. Zäher Schleim gehörte genauso zum dazu passenden Befund: Darmkrebs. Hektisch durchstöberte ich sämtliche Medizinforen, stürtzte mich auf das Internetlexikon Wikipedia und führte Telefonate mit meiner Schwiegermutter in spe, die den Darmkrebs ausschloss, was ich ihr nicht glaubte. Nach ein paar Tagen träumte ich sogar von dem glitschigen Schleim, auf dem sich auch in der Toilette Bläschen bildeten. Mit Panik in den Augen ging ich schließlich zu Dr. Morkel und schilderte ihm in burschikosen Bildern, was sich in der Toilettenwanne tummelte: »Es ist immer dasselbe: Ich habe das Gefühl zu explodieren. Wenn ich mich dann auf die Brille setze, muss ich zuerst einmal kräftig furzen, häufig mischt sich fast flüssiger Durchfall hinzu, und ab und zu wird der braune Pudding mit einem gelben, schleimigen Häubchen geziert.« Es war ein Wunder, dass der sympathische Mann nach meiner ausführlichen Beschreibung nicht würgen musste, doch er fand für das Phänomen die passende Antwort: »Oh je, es könnte sich dabei um einen Reizdarm handeln.« »Reizdarm? Klingt das nicht eher nach Darmkrebs, weil sich das Furzvolumen in den letzten Wochen vervielfacht hat?« »Ich verschreibe Ihnen ein Präparat, das aus der Bauchspeicheldrüse des Schweins gewonnen wird. Nehmen Sie es täglich einmal ein. Wenn es danach nicht besser sein sollte, schaue ich mir Ihren Kot mal an.« Die Bombe war geplatzt, Morkel schöpfte den Verdacht auf eine Geschwulst, den ich mit einer griffigen Zusatzbemerkung untermauern wollte: »Ich hatte heute Morgen auch ein paar rote Stückchen im Stuhl, vermutlich Blut.« Das wies der Doktor strikt von sich: »Blut zerläuft und gibt es nicht in Stücken.« So fuhr ich trotz fehlenden Blutes entmutigt nach Hause und schluckte teure Pillen aus Sausekreten. Die Furzerei wurde dadurch zwar besser, aber die breiige Durchfallpampe blieb, was mich dazu bewegte, in der Praxis nach einem Plastikröhrchen für die Kotprobe zu fragen. »Entweder morgens den frischen Stuhlgang abfüllen oder den abendlichen Stuhl im Kühlschrank lagern«, empfahl die Arzthelferin, woraufhin ich mich, ohne mit der Wimper zu zucken, sofort für die erste Variante entschied, auch weil mein Schatz sich gegen eine Frischhaltung meiner Scheiße zwischen Käse, Leberwurst und Erdbeerkonfitüre ausgesprochen hätte. Einige Tage später war das lange, erwartete Fest der feierlichen Kotentnahme gekommen. Nur war mir noch nicht klar, wie ich die Scheiße aus der Toilette in das enge Rohr schieben konnte – in unserem WC plumpste die Kacke direkt in das Spülungswasser hinein und nicht auf eine stinkende Terrasse, von der eine Stuhlprobe einfach zu handhaben gewesen wäre. Deshalb bat ich Susanne um einen alten Küchenteller, den ich mir bei Stuhldrang unter den Arsch schieben wollte, damit der Haufen sicher auf die Unterlage klatschte. »Ich reinige den Teller und stecke ihn anschließend sogar noch mal in die Spülmaschine«, war mein werbender Slogan für die anstehende Aktion, doch ich traf damit auf massiven Widerstand. Nach langer Diskussion einigten wir uns schließlich auf ein altes Plastikdöschen eines Haushaltswarenkonzerns, mit der Bitte, es erstens danach zu reinigen und zweitens unmittelbar in der schwarzen Tonne zu entsorgen. Ich wartete nach dem Frühstück auf den lang ersehnten Druck im Enddarm, der den Kotbrocken hinter der Anuspforte ankündigte. Als es so weit war, schnappte ich mir die Plastikdose und das Röhrchen, verriegelte die Toilette, um ungestört zu bleiben, und setzte mich auf die Brille. Mit der rechten Hand hielt ich das Plastikrelikt aus den Siebzigern unter den Hintern und presste so fest ich konnte. Es war ein guter Tag, denn ich schiss einen riesigen Haufen von monumentaler Größe in den Behälter hinein, der sich durch mächtige Fürze bemerkbar gemacht hatte. Ein fester Druck genügte, und schon lag der flutschige Hügel, der erbärmlich stank und zudem dampfte, wie auf dem Silbertablett. Nie hatte ich zuvor einen solch schönen Stuhl gesehen, was mich allerdings nicht davon abhielt, mich davor gründlich zu ekeln. Mein Schatz hörte eindeutige Würgegeräusche aus der Toilette und bat um Ruhe, weil sie auf der Straße stand und ich das Fenster des WCs geöffnet hatte, um den Gestank zu mildern. »Sei still, jeder kann das hören«, rief sie zu mir in die erste Etage hinauf, während ich kotzend versuchte, mit einem Plastiklöffel drei kleine Stückchen von der übel riechenden Kreation abzuschaben und sie in das Röhrchen zu stopfen. »Es ist so ekelhaft, Schatz. Ich muss gleich brechen«, schrie ich zu ihr hinunter und beeilte mich so schnell ich nur konnte, denn der Duft und das schmierige Antlitz der tiefbraunen Mousse au Kacke waren einfach unerträglich. Endlich war es geschafft, ich verschloss das Röhrchen mit den Proben, schmiss den großen Haufen, der um ein paar Gramm erleichtert worden war, in die Toilette, zog ab und reinigte mit einer dicken Seifenschicht die Plastikdose. Dann musste ich mich erst einmal leicht übergeben, anscheinend verarbeitete ich erst jetzt meinen immensen Widerwillen gegen das Projekt »Stuhlprobe«. Ich lief zu meiner Liebsten, die gerade zur Arbeit fahren wollte, verkündete ihr die frohe Botschaft, dass ich ordentlich geschissen hatte, und fuhr danach mit dem kostbaren Gut Richtung Dr. Morkel. Dessen Arzthelferin wartete schon sehnsüchtig auf die wertvolle Lieferung. »Gott sei Dank, der Laborlieferant fährt in wenigen Minuten los. Geben Sie schnell her.« »Danke, wann bekomme ich denn das Ergebnis?« »In einer Woche.« Ich fragte mich in ein paar hellen Sekunden, warum es mir in all den Jahren immer so schlecht ergangen war. Vermutlich weil ich mich über vierzig Jahre meines Lebens zu sehr auf die Sicherung des eigenen Körpers fixiert hatte. Als mir dies einen Tag vor dem herbeigesehnten Untersuchungsergebnis bewusst wurde, ging es mir verdammt gut. Tags darauf rief ich Dr. Morkel an, der mir mitteilte, dass das Labor in meinem Stuhl Hefespuren gefunden habe. »Essen Sie bitte einen Monat keine Süßigkeiten mehr und trinken Sie keinen Alkohol, dann verschwindet der Pilz, und Sie furzen weniger.« Ich habe diese Anweisung noch nicht befolgt, weil ein Hefepilz nicht tödlich ist; dafür furze ich weiter wie ein Weltmeister.